Oscar Lira
Salvador Hernández
Irma Cárdenas

PHP y MySQL Para el Desarrollo WEB

Oscar Lira
Salvador Hernández
Irma Cárdenas

PHP y MySQL Para el Desarrollo WEB

Visión rápida en el contexto empresarial

Editorial Académica Española

Imprint
Any brand names and product names mentioned in this book are subject to trademark, brand or patent protection and are trademarks or registered trademarks of their respective holders. The use of brand names, product names, common names, trade names, product descriptions etc. even without a particular marking in this work is in no way to be construed to mean that such names may be regarded as unrestricted in respect of trademark and brand protection legislation and could thus be used by anyone.

Cover image: www.ingimage.com

Publisher:
Editorial Académica Española
is a trademark of
Dodo Books Indian Ocean Ltd., member of the OmniScriptum S.R.L Publishing group
str. A.Russo 15, of. 61, Chisinau-2068, Republic of Moldova Europe
Printed at: see last page
ISBN: 978-620-3-58602-2

PHP y MySQL

Para el Desarrollo WEB

Visión rápida en el contexto empresarial

Autores: Oscar Lira Uribe, Salvador Hernández Mendoza, Irma Cárdenas García.

Contenido

Capítulo 1

Capítulo 1

1. Introducción a PHP

1.1 ¿Qué es PHP?

PHP, acrónimo recursivo de PHP: *Hypertext Preprocessor* (preprocesador de hipertexto) *"es un lenguaje de programación de dominio especifico, es decir, su alcance se extiende a un campo de actuación que es el desarrollo web."* (Arias, 2015, pág. 4) Se ejecuta de lado servidor, de uso general y es extremadamente flexible.

PHP es un lenguaje para el desarrollo de aplicaciones en la web. Se creó sin más pretensiones, pero con el transcurso de los años se ha convertido en uno de los lenguajes más utilizados para la creación de páginas dinámicas. (Cabezas Granados & González Lozano, 2014, pág. 19)

PHP se considera uno de los códigos de programación con mayor simplicidad, es decir para las personas que comienzan dentro de la programación, PHP es una buena opción. De igual forma también ofrece gran cantidad de características complejas para un mayor grado de manejo. Cabe mencionar que este lenguaje es gratuito y multiplataforma.

Tiene la capacidad de conexión con bases de datos. Por ello tiene una amplia relación con el gestor de base de datos MySQL el cual es muy popular en el desarrollo de aplicaciones web.

1.2 Evolución del lenguaje

PHP ha ido adaptándose al mercado de acuerdo con las necesidades que han ido surgiendo.

PHP5 es el punto de mayor crecimiento de PHP, es la versión en la cual comienza a ser tomado en serio para el desarrollo empresarial y retoma un segmento en el mercado. Mejora su implementación de objetos comienzan a surgir herramientas que con las versiones anteriores difícilmente hubieran existido. También surgen nuevos frameworks como symfony y laravel; por lo que hay un repunte en su popularidad.

Actualmente se tiene PHP7 donde surgen mejoras en rendimiento y se va asemejando más a otros lenguajes de programación.

PHP ha tenido una gran adopción y una gran aceptación al grado que algunas herramientas ya funciona sólo con la versión 7.

1.3 Preparar entorno

Al momento de aprender desarrollo web con PHP se recomienda la instalación de un servidor local esto con la finalidad de no tener que subir archivos con códigos de prueba necesariamente a un hosting. Ya que para pruebas es aconsejable ejecutar el código y crear base de datos solo dentro de nuestra computadora.

El servidor local nos permitirá ejecutar nuestras páginas PHP con una dirección interna donde solo en nuestro equipo tendremos visibilidad a estas.

Instalar y configurar cada uno de los componentes que necesita una aplicación web para que funcione de forma correcta puede llegar a ser tardado y complicado. Pero todos esos componentes los podemos encontrar en una solo aplicación que solo necesita de una instalación fácil y rápida.

WampServer es un paquete de software el cual tiene incluido lo necesario para crear aplicaciones web con PHP indicado para Windows. Al igual que WampServer existen otras aplicaciones similares que brindan los mismos resultados y se utilizan prácticamente de igual forma. En este caso se explica la instalación y forma de utilizar WampServer.

1.3.1 Instalación de WampServer

Paso 1. Se accede a la página principal de WampServer (http://www.wampserver.com/en/) en la sección de descarga, y se selecciona la opción que se necesite de acorde a las características del equipo en el cual será instalado.

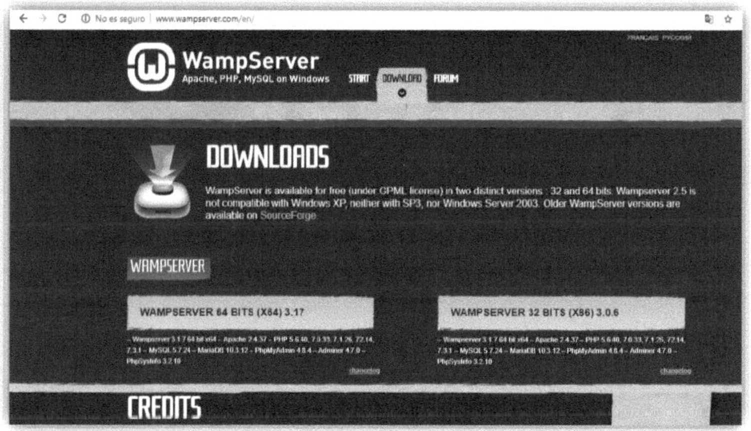

Figura 1. Sitio oficial de WampServer

Paso 2. A continuación se abrirá una ventana con información en la cual se encuentra el link *download directly* en el cual se dará clic y a continuación comenzará la descarga.

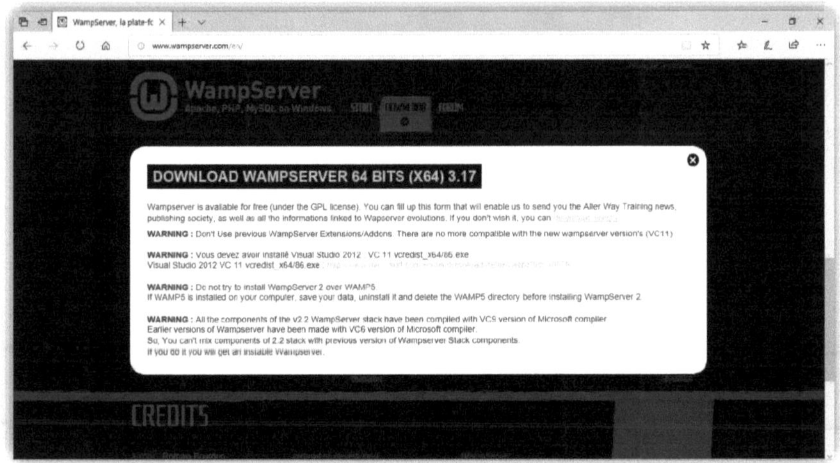

Figura 2. Aviso de sitio web para descarga de WampServer

Paso 3. Una vez descargado el archivo se procede a la instalación la cual es muy similar a la de algún otro software con el asistente de instalación. Se abre el archivo y en seguida muestra una ventana la cual te solicita seleccionar el idioma.

Figura 3. Ventana para seleccionar idioma de WampServer

Paso 4. En seguida solicita aceptar el acuerdo de licencia para poder continuar con su instalación.

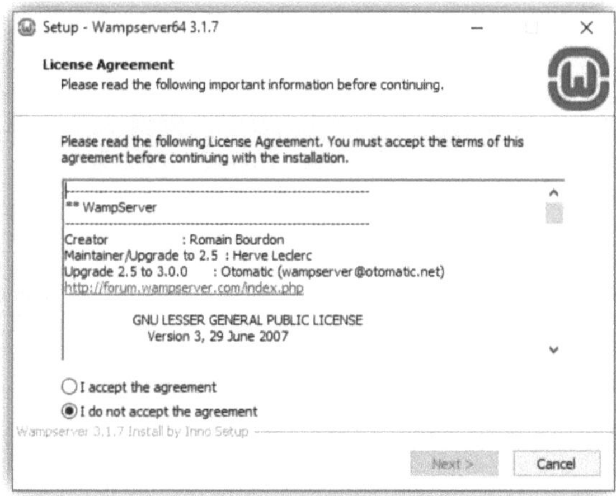

Figura 4. Acuerdo de licencia

Paso 5. Posteriormente aparece información de software se da clic en *Next* y después muestra la ruta donde será instalado dando la opción de poder cambiarla, aunque se recomienda dejarla igual. al igual que los próximos pasos y por último se selecciona la opción de instalar.

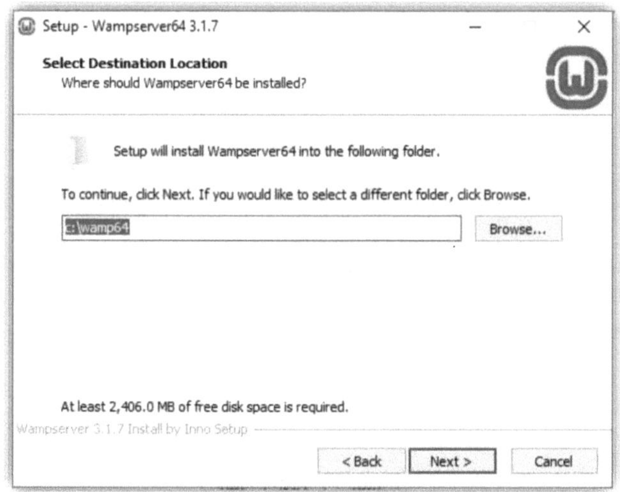

Figura 5. Ruta de instalación de WampServer

Una vez instalado se abre, y se podrá localizar su icono en la parte inferior izquierda el cual debe estar en color verde que indica que se encuentra encendido correctamente.

Figura 6. Icono activo de WampServer en barra de tareas

Al dar clic sobre el icono aparece el menú de opciones que tiene WampServer con el cual se estará trabajando.

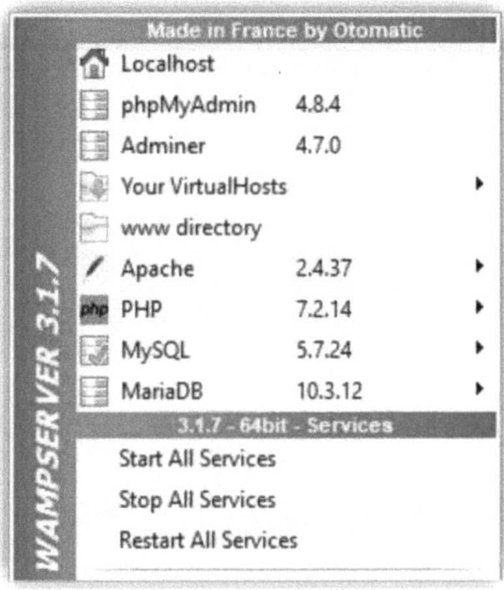

Figura 7. Menú de WampServer

Al seleccionar la opción de localhost se debe mostrar una pantalla como la siguiente la cual indica que esta está ejecutando de forma correcta.

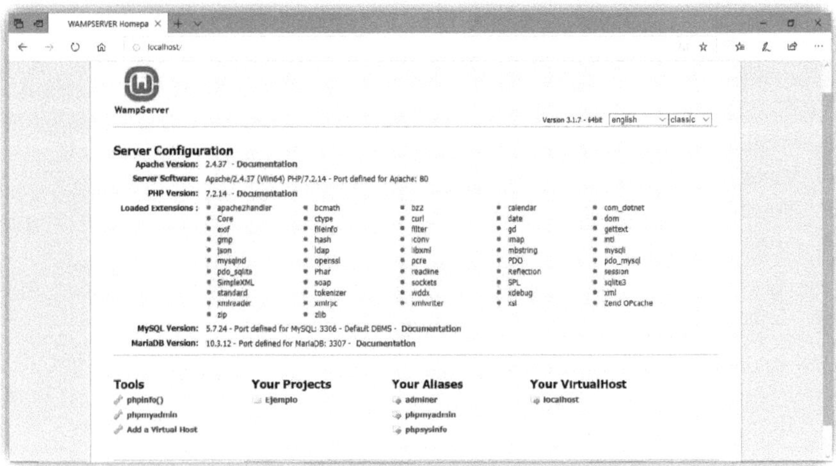

Figura 8. Página de inicio de WampServer

Otra de las opciones que se muestra en el menú es el directorio www en el cual se deben almacenar las paginas PHP que se realicen para que se puedan detectar cargar e interpretar por este servidor.

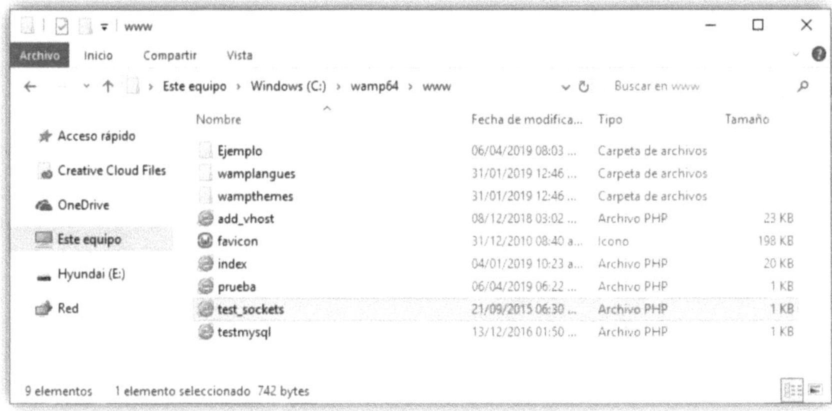

Figura 9. Directorio raíz de WampServer

1.3.2 Editor de texto

Para crear páginas web se necesita algún editor de código el cual cuenta con diferentes funciones que serán de gran ayuda al momento de estar programando como la depuración de código, comparación, auto complementación, entre otras. Existen varias opciones entre las cuales se puede elegir, esto más que nada depende de las preferencias que se van adquiriendo al momento de estar escribiendo el código, no es que alguno sea mejor opción que otro sino más bien que uno sea más cómodo para el usuario que otro. Entre las opciones más populares se encuentran los siguientes.

- Sublime Text
- Visual Studio Code
- Notepad
- Atom

En este caso se estará usando el editor de texto sublime Text, pero se puede utilizar alguna de las opciones mencionadas anteriormente.

Se descarga a través de su sitio oficial (https://www.sublimetext.com/) y su instalación es a través del asistente de instalación y es completamente sencilla ya que no se tiene que configurar nada.

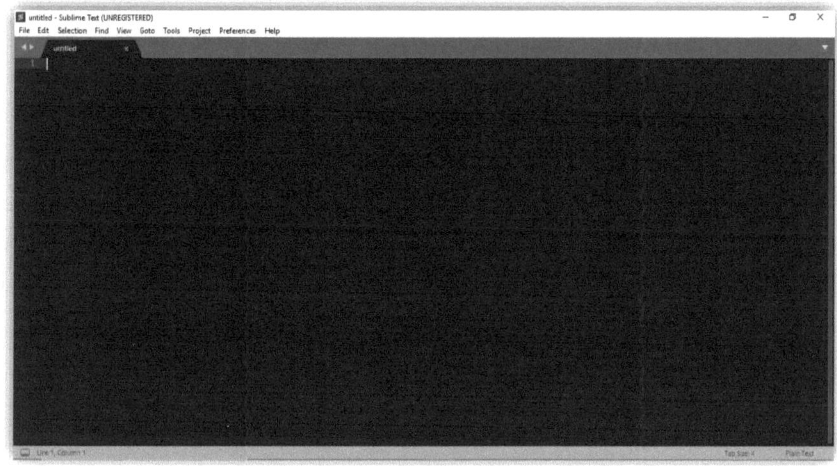

Figura 10. Área de trabajo de Sublime Text

1.4 Elementos del lenguaje

1.5 Estructuras de control

En algún momento de la programación es necesario que el programa tome un camino en concreto. Es decir, es necesario que este tome decisiones o realice algunas acciones repetitivas en base a determinas condiciones que se irán presentando en el transcurso del desarrollo del código.

Las estructuras de control permiten "Controlar el flujo de ejecución de un programa (en función de unas entradas o condiciones) es la parte más importante de una aplicación." (Eslava Muñoz, 2013, pág. 49)

1.5.1 if y elseif

La estructura de control *if*, permite al programa su ejecución condicionada donde si la condición resulta verdadera se ejecutará la instrucción y si de lo contrario resulta falsa la ignorará pasando a la próxima instrucción. Esto con la finalidad de que el programa tome el camino correcto.

Estructura básica

```
if (condicion1) {
  Instrucción a1;
}
else{
    Instrucción b1;
}
```

Resulta cotidiano llegar a necesitar más de una condición en estos casos se recurre a las sentencias *elseif* o *if* anidadas. Ya que dentro de esta estructura se pueden introducir el número de condiciones necesarias.

A continuación, se muestra un ejemplo de las estructuras de *elseif* o *if* anidado, pero se tiene que tener encueta que estas van a variar dependiendo de las condiciones que se necesiten desarrollar.

elseif

```
if(condicion1){
Instrucción;
}
elseif (condicion2) {
Instrucción;
}
elseif (condicion3) { //se puede hacer cuantos elseif sean necesarios
Instrucción;
}
else{
Instrucción;
}
```

if anidado

```
if(condicion){
Instrucción;
}
```

```
else{
     if (condicion) {
     Instrucción;
     }
     else{
          if(condicion){ //se pueden anidar las condiciones necesarias
          instrucción;
          }
          else{
          Instrucción;
          }
     }
}
```

Estas estructuras se muestran con la finalidad de que se puede tener una idea más clara de cómo es que se estarían incorporando más condiciones dentro de otra ya que se tiene que tener cuidado con las llaves de cada condición.

1.5.1.1 Ejemplo

Se desarrollará una página donde dependiendo del total a pagar una tienda hará cierto porcentaje de descuento. Como se muestra a continuación.

La tienda "Don Juan" está aplicando los siguientes descuentos en el total de su compra:

- importe por pagar mayor o igual a 200 y menor a 300 10% de descuento.
- importe por pagar mayor o igual a 300 y menor a 400 15% de descuento.
- Importe por pagar mayor o igual a 400 y menor a 500 20% de descuento.
- importe por pagar mayor o igual a 500 25% de descuento.

```
La tienda "Don Juan" está aplicando los siguientes descuentos en el total
de su compra:<br><br>
//condición 1
Importe por pagar mayor o igual a 200 y menor a 300 10% de descuento.
<br>
//condición 2
Importe por pagar mayor o igual a 300 y menor a 400 15% de descuento.
<br>
//condición 3
Importe por pagar mayor o igual a 400 y menor a 500 20% de descuento.
<br>
//condición 4
Importe por pagar mayor o igual a 500 25% de descuento. <br><br>
```

```php
<?php
//variable que será avaluada en las condiciones
$pagar=652;

//condición 1
if ($pagar>=200 && $pagar<300) {
	$des=$pagar*.10;
	echo "Descuento de 10% correspondiente a $des<br>Total a 
pagar: ".$total=$pagar-$des;
}
//condición 2
elseif ($pagar>=300 && $pagar<400) {
	$des=$pagar*.15;
	echo "Descuento de 15% correspondiente a $des<br>Total a 
pagar: ".$total=$pagar-$des;
}
//condición 3
elseif ($pagar>=400 && $pagar<500) {
	$des=$pagar*.20;
	echo "Descuento de 20% correspondiente a $des<br>Total a 
pagar: ".$total=$pagar-$des;
}
//condición 4
elseif ($pagar>=500) {
	$des=$pagar*.25;
	echo "Descuento de 25% correspondiente a $des<br>Total a 
pagar: ".$total=$pagar-$des;
}
//instrucción a ejecutar en caso de no cumplirse ninguna de las anteriores
else{
	echo "No hay descuento <br>Total a pagar: $pagar";
}

?>
```

Según el valor que tenga la variable *$pagar* se ejecutara la sentencia correspondiente. Para este ejemplo se le asigna un valor a la variable directamente, más adelante se mostrará la forma de cómo desarrollar una aplicación donde se solicite al usuario ingresar el valor y según sea el caso se ejecutará la instrucción de la condición correspondiente.

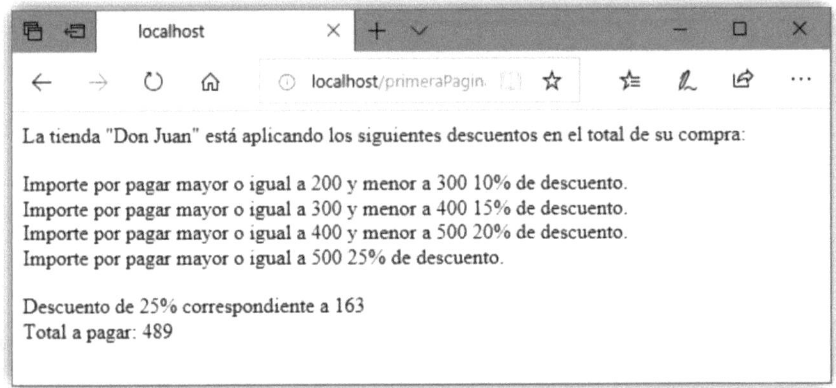

Figura 14. Página de ejemplo if

1.5.2 switch case

Se puede considerar similar a *if* pero *switch* resulta más útil cuando se necesita evaluar el valor de una variable con multitud de opciones ya que con *if* estaríamos escribiendo más código.

Tiene una expresión que por lo general es una variable la cual se compara con el valor de cada caso que se podría presentar, en el momento que se evalúa la coincidencia se ejecutan las instrucciones que se encuentran dentro de ese caso. Se utiliza la declaración default para que se ejecute si en ningún caso se presentó alguna coincidencia. Se recomienda usar la palabra reservada *break* después de cada instrucción del caso para que termine la secuencia.

Estructura básica

```
switch($opcion){ //el valor de $opcion se comparará con cada uno de los
posibles casos
case 1:
Instrucción 1 //se ejecuta si $opcion=1
break;
case 2:
Instrucción 2 //se ejecuta si $opcion=2
break;
default:
Instrucción // se ejecuta en caso de cualquier otro valor no definido en case
que pueda tomar la variable $opcion
break;
}
```

1.5.2.1 Ejemplo

Se desarrolla una página donde dependiendo del valor de la variable *$alumno* mostrará la información correspondiente a este alumno en este caso será el grupo al que pertenece.

```
<?php
//variable a evaluar
$alumno="María";

//Se recibe la variable para evaluar con cada posible caso
switch($alumno){
//caso 1, si variable $alumno tiene el mismo valor que Cesar ejecutara las
siguientes instrucciones
case "Cesar":
  echo "Alumno: $alumno <br>Grupo: B";
break;
//caso 2, si variable $alumno tiene el mismo valor que Juan ejecutara las
siguientes instrucciones
case "Juan":
      echo "Alumno: $alumno <br>Grupo: A";
break;
//caso 3, si variable $alumno tiene el mismo valor que María ejecutara las
siguientes instrucciones
case "María":
      echo "Alumno: $alumno <br>Grupo: B";
break;
//caso 4, si variable $alumno tiene el mismo valor que Fernanda ejecutara
las siguientes instrucciones
case "Fernanda":
```

```
        echo "Alumno: $alumno <br>Grupo: C";
break;
//si el valor de la variable no coincide con ninguno de los posibles casos
default:
        echo "Alumno no encontrado";
break;
}
?>
```

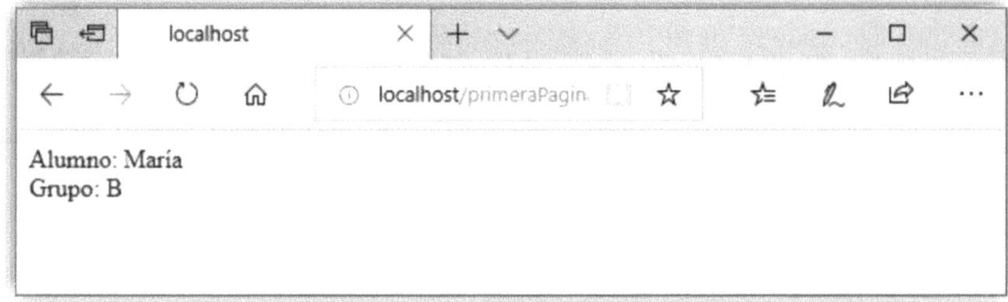

Figura 15. Página de ejemplo switch.

1.6 Bucles

Los bucles hacen que las instrucciones se ejecuten repetidamente. Esto es muy útil, por ejemplo, si desea mostrar el contenido de una matriz, o frases de datos de una base de datos. En tal caso, a menudo necesita ejecutar una detrás de otras las mismas instrucciones, solo que con distintos valores de las variables. Esta es exactamente la función de los bucles. (Spona, 2011, pág. 58)

Los bucles pueden ser condicionales e iterativos. Para los bucles condicionales su ejecución depende de la condición que se presenta al inicio de este, si resulta verdadera se ejecuta de lo contrario si resulta false el bucle no se ejecuta. Por el contrario, los bucles iterativos se ejecutan al menos una vez ya que su condición se localiza al final.

1.6.1 while

Es una estructura repetitiva ya que de resultar verdadera su condición se estará repitiendo el código de su interior varias veces. Este bucle se ejecutará solo si la condición especificada resulta verdadera. Siendo así se ejecutará una y otra vez el bloque de código de su interior, una vez que resulte falsa la condición este termina y continuará ejecutándose el resto del código que se encuentre fuera del bucle.

```
while(condicion){
instrucciones
}
```

1.6.1.1 Ejemplo

Se desarrolla una página donde le muestra la edad a una persona hasta el año en que cumple la mayoría de edad.

```php
<?php
//variable a evaluar
$edad=12;

//ciclo que se ejecutara mientras la variable sea menor a 18
while($edad<18){
echo "Tu edad este año es: $edad eres menor de edad<br>";
$edad++;
}
echo "Tu edad es: $edad Ya eres mayor de edad!";
?>
```

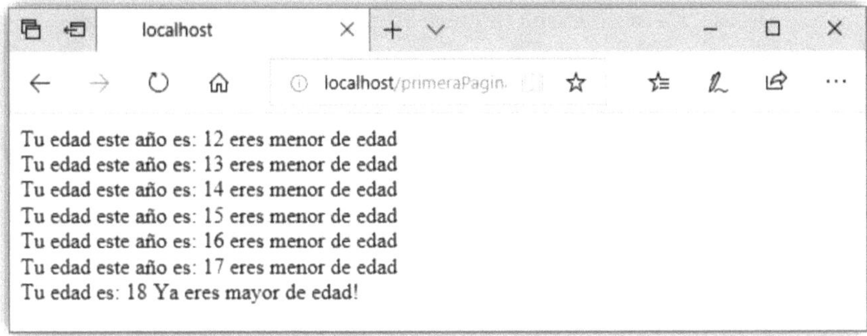

Figura 16. Página ejemplo while.

1.6.2 Do while

Funcionan prácticamente igual a diferencia de que el *Do* permite que se ejecute por lo menos una vez la instrucción que se pretende se esté repitiendo. Después de esto se evalúa la condición del *while* y realiza el mismo procedimiento que el bucle *while* una vez que resulte falsa la condición este finaliza.

```
do{
Instrucción
}while(condicion);
```

1.6.2.1 Ejemplo

Se desarrolla una página donde se muestra la indicación que solo se pueden hacer 10 descargas.

```
Solo se pueden hacer 10 descargas en este sitio. <br><br>
<?php

//declaración e inicialización de variables
$descarga=1;
$restantes=9;
//inicio de ciclo que se ejecutara al menos una vez
do{
        //instrucciones de ciclo se evalúan con una condición
    if($descarga<10){
            echo "Es tu descarga número $descarga aun puedes hacer
$restantes<br>";

    }
    else{
            Echo "Es tu descarga número $descarga Ya no puedes hacer
más descargas";
    }
        //aumento y decremento de las variables
    $descarga++;
    $restantes--;
//condición del ciclo
}
while($descarga<=10);

?>
```

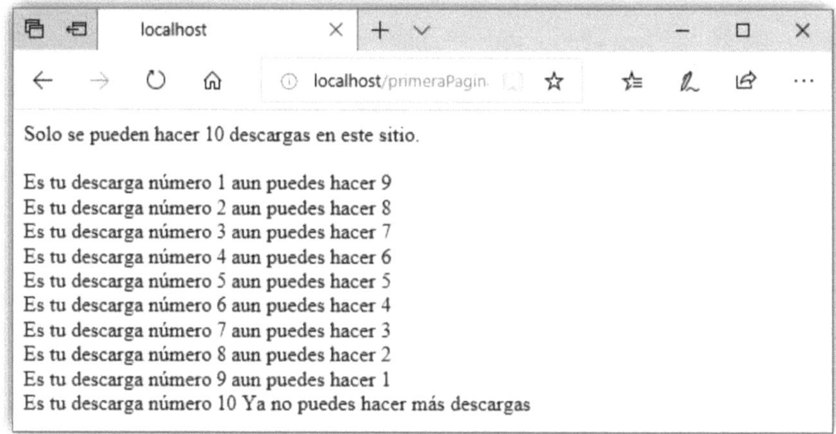

Figura 17. Página ejemplo de do while

1.6.3 for

"La estructura *for()* comporta la repetición de una instrucción o de un conjunto de instrucciones de acuerdo con unos parámetros fijos que hacen de contador." (Arias, 2015, pág. 57) Ejecuta las instrucciones contenidas en su interior un numero especifico de veces. Por ello se incluye una variable de control la cual estará incrementando o disminuyendo con forme el bucle este ejecutándose.

Su sintaxis está compuesta por tres parámetros la declaración e inicialización de una variable dentro del bucle, condición del bucle y modificación de variable anteriormente inicializada donde tiene que tener un decremento o incremento.

Sintaxis

```
for(variable;condicion;cambioVariable){
instrucciones
}
```

1.6.3.1 Ejemplo

Se desarrolla una página que muestra el contador de intentos al ingresar una contraseña errónea

```php
<?php
//se declara el valor de la variable
$contraseña=false;
//Si la contraseña tiene el valor de falso
if($contraseña==false){
        //si el valor de la variable es menor o igual a 5 y mayor a 0
disminuira 1
```

```php
        for($cont=5;$cont<=5&&$cont>0;$cont--){
            echo "Tienes $cont intentos más<br>";
}
        echo "ya no tienes más intentos";
}
// Si la variable es verdadera
else{
      echo "correcta, entraste";
}
?>
```

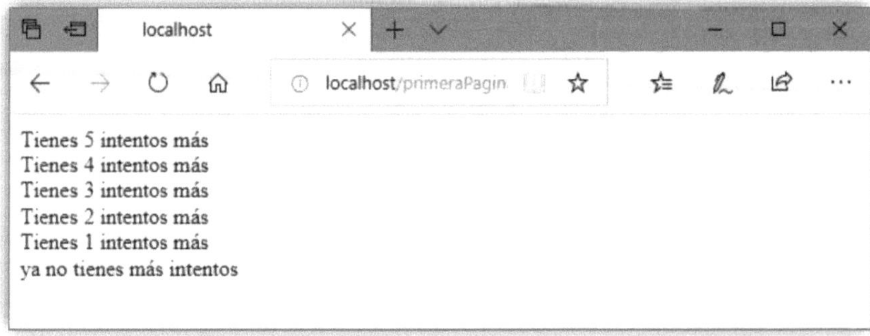

Figura 18. Ejemplo de página for

1.7 Arrays (Matrices)

Durante el desarrollo del programa se puede presentar la situación donde se usen grupos de valores que tengan alguna semejanza temática los cuales se podrían agrupar y colocarse en una variable de tipo arreglo en lugar de almacenar cada valor en una variable diferente. Esta variable constara de varios términos los cuales estarán compuestos de una clave y un valor. Las claves pueden ser numéricas que son un índice y las significativas que tiene un significado asociado al valor.

Un *array* asocia valores con claves y se considera como un mapa ordenado. Se tiene el conocimiento de que una variable almacena un dato pues a diferencia una variable de tipo *array* puede almacenar múltiples valores en una sola variable, es decir dentro de un array se puede almacenar un conjunto de datos los cuales pueden ser de igual o distinto tipo. Y a diferencia de otros lenguajes PHP no limita la longitud del array, ya que no es necesario declarar la cantidad de elementos que tendrá.

Representación de array

0	1	2	3	4	5	6	7	8	9
Elemento1	Elemento2	elemento3	Elemento4	Elemento5	Elemento6	Elemento7	Elemento8	Elemento9	Elemento10

- 0-9: índice generado automáticamente conforme se van agregando elementos
- Elemento1-Elemento10: longitud del array (elementos que contiene el array).
- Elemento4: cuarto elemento del array. Se encuentra dentro del índice número 3

1.7.1 Predefinido

Los *arrays* predefinidos son los más comunes ya que mediante un índice ya predefinido se accederá a cada uno de los elementos por los cuales este conformado este. El índice se asigna a partir de 0; es decir para acceder al elemento 1 se accede mediante la clave 0 para acceder al elemento 2 se accede mediante la clave 1 y así sucesivamente.

Se declara la variable que contendrá el array a la cual se le puede asignar cualquier nombre, en seguida se inicializa mediante la sentencia *array*, se colocan los elementos por los cuales estará conformado y los cuales deben estar separados por , (coma).

Sintaxis básica

```
$nombreArray= array("elemento1", "elemento2", "elemento3");
```

Para imprimir directamente un elemento del array se accede a este mediante el índice que automáticamente se le asigno.

```
echo $nombreArray[2];
```

Para recorrer todos los elementos del array e imprimirlos podemos utilizar un ciclo for.

```
//se declara el array con el nombre de números
$numeros = array(1, 2, 3, 4, 5);
//Se utiliza un ciclo for para recorrer el array, count() nos permite contar los
elementos del array
for($e=0; $e< count($numeros); $e++){
    //se imprime el valor de cada elemento
      echo $numeros[$e];
  }
```

Agregar un elemento mas

```
$nombreArray[]="nuevoElemento";
```

1.7.2 Asociativos

El concepto es el mismo, pero en este tipo de *arrays* se permite personalizar la cave por la cual vamos a acceder a cada elemento. Para referirnos a cada una de las posiciones del array en lugar de utilizar los índices como en los *arrays* predefinidos en este caso se utilizarán nombres, puede ser cualquier nombre y siempre tiene que ir entre comillas. En el *array* se arma el operador flecha conformado por el signo de igual y el signo mayor que => para asociar el nombre de la posición con el valor del elemento.

Sintaxis básica

```
$nombreArray=array(clave1=>valor, clave2=>valor, clave3=>valor);
```

Recorrer un array asociativo con foreach

```
foreach($nombreArray as clave=>valor){
Instrucciones con elementos;
}
```

```
$asociativo=array("clave1"=>1, "clave2"=>2, "clave3"=>3);
//se recorre le array con foreach
foreach($asociativo as $clave=>$valor){
echo"A la $clave le corresponde el $valor <br>";
}
```

Agregar un elemento mas

```
$nombreArray["clave"]="nuevoElemento";
```

1.8 Funciones

Una función es un conjunto de instrucciones independientes las cuales tiene una finalidad específica y estas pueden llamarse cuando sea necesario.

Las funciones pueden ser llamadas con varios parámetros o con ninguno, dependiendo de su definición. Cuando PHP encuentra en el código la llamada a una función, primero, evalúa cada argumento y lo utiliza como parámetro de entrada. Después, ejecuta la función y devuelve el valor solicitado o realiza alguna acción sin evitar ningún valor de salida. (Cabezas Granados & González Lozano, 2014, pág. 109)

1.8.1 Funciones de variables

is_integer()	Indica si la variable es de tipo entero.
is_bool()	Indica si la variable es de tipo booleano.
is_float	Indica si la variable es de tipo decimal.
is_string()	Indica si la variable indicada es de tipo cadena.
is_null()	Indica si la variable es null.
is_numeric()	Comprueba que la variable es número (cadena o entero).
is_array()	Indica si la variable es de tipo array.
gettype()	Indica el tipo de la variable.
intval()	Obtiene el valor de la variable indicada en entero.
floatval()	Obtiene el valor de la variable indicada en decimal.
strval()	Obtiene el valor de la variable indicada en cadena.
insset()	Indica si la variable está definida y no es null.
unset()	Elimina la variable de la memoria.
sttype()	Establece el tipo de una variable.
empy()	Indica si la variable está vacía.
strlen()	Indica la longitud de una variable de tipo string.
var_dump()	Muestra la información de la variable.

Tabla 3. Funciones de variables

1.8.2 Funciones de array

count()	Indica el número de elementos de un array.
array_count_values()	Cuenta todos los valores de un array.
array_search()	Busca un valor determinado en un array y devuelve la primera clave correspondiente en caso de éxito.
array_unique()	Elimina valores duplicados de un array.
array_values()	Devuelve todos los valores de un array.
sort()	Ordena un array.
in_array()	Comprueba si un valor existe en un array.
usort()	Ordena un array según sus valores usando una función de comparación definida por el usuario.
array_replace()	Reemplaza los elementos de los arrays pasados en el primer array.
array_key_exists()	Verifica si el índice o clave dada existe en el array.

Tabla 4. Funciones para array.

1.8.3 Funciones propias

Resulta ser muy práctico crear funciones propias. en determinado caso se puede presentar la situación donde se tengan que realizar las mismas instrucciones en diferentes partes de programa para evitar escribir de nuevo código que se escribió anteriormente o simplemente en el hecho de que el código nos es tan extenso en este caso se puede construir una o las funciones necesarias donde en lugar de volver a colocar el código escrito anteriormente solo sea necesario llamar la función que lo contiene la cual realizara las instrucciones que contenga las veces que esta sea llamada.

Definitivamente es de gran utilidad cuando se tienen acciones sistemáticas crear una función para estas.

Sintaxis

Function nombreFuncion($parametro)

1.8.3.1 Ejemplo

```php
<?php
//Nombre de función puede ser con o sin parámetros
```

```php
function envio ($total){
//Instrucciones
if($total<500){
	echo "Mas gastos de envío";
}
else{
	echo "Envió gratis";
}
}
//se llama la funcion
echo envio(545);

?>
```

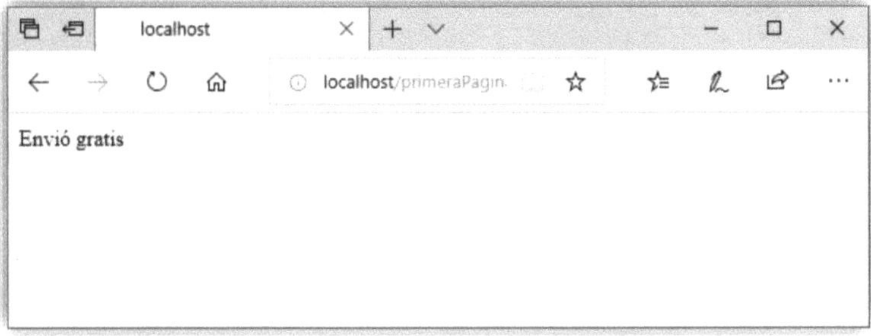

Figura 19. Ejemplo página función.

Capítulo 2

2. Introducción a base de datos

2.1 Bases de Datos

Se puede definir como un sistema formado por un conjunto de datos relacionados entre sí y estructurados de tal forma que sean de fácil acceso, gestión y actualización para su posterior uso. Se componen de tablas las cuales están formadas de columnas y filas.

2.1.1 Componentes y estructura.

Las tablas se encargan de organizar y presentar la información estructurada, así como guardarla. Por ello se puede decir que es una colección de datos organizados en filas y columnas.

A diferencia de las que quizá conozca por las hojas de cálculo, las columnas de las tablas de bases de datos no sólo están numeradas, sino que también tienen nombres. Los nombres de estas columnas se denominan nombres de campo, y permiten acceder a campos individuales de la tabla. (Spona, 2011, pág. 82)

Las propias bases de datos constan de uno o más archivos que simplemente almacenan y organizan
los datos. Por lo tanto, la cantidad de archivos de que conste la base de datos, y el nombre de éstos depende del formato de dicha base de datos. Las bases de datos de MySQL están basadas en un servidor, y se administran desde un servidor de bases de datos MySQL. (Spona, 2011, pág. 81)

Una base de datos, también la de un servidor SQL, consta, por norma general, de tablas y consultas, y eventualmente de otros objetos de base de datos o informaciones sobre la vinculación entre tablas y consultas. Éstos son relaciones. Puede imaginarse la tabla de una base de datos como una tabla corriente. Consta de varias filas y columnas, de manera que cada línea crea un registro de datos, y cada columna un campo de tabla. (Spona, 2011, pág. 82)

Las más utilizadas son las de tipo relacional, que agrupan la información en conjuntos lógicos relacionados (bases de datos, tablas y campos) y definen un lenguaje de consultas muy potente (Structured Query Language, SQL) que permite obtener la información de una manera rápida y eficiente. (Cabezas Granados & González Lozano, 2014, pág. 146)

La mayoría de formatos de base de datos actuales permiten tener bases de datos relacionales. Esto quiere decir que las tablas pueden crearse en relación unas con otras. estas relaciones permiten, por ejemplo, almacenar los datos de un modo eficiente y sin redundancias. sin redundancias quiere decir que los datos no se almacenan dos veces, y, por tanto, no hay que esperarlos dos veces. (Spona, 2011, pág. 83)

Las tablas de una base de datos se deben relacionar para evitar que la información sea redundante, es decir, que la información registrada no sea repetida y, por lo tanto, la base de datos sea más pequeña y precisa. (Torres Remon, 2015, pág. 44)

La llave primaria también conocida como principal o simplemente clave, permite definir un identificador único en una tabla. Una o más columnas pueden ser declaradas como llave dentro de una misma table. Considere que una columna declarada como campo clave no podrá registrar valores repetidos. (Torres Remon, 2015, pág. 45)

Es recomendable que la tabla tenga una clave primaria o índice la cual se puede indicar al crear la tabla o se puede agregar después. El campo que se destinó a ser clave o índice no puede estar vacío o ser nulo.

La asignación de una llave foránea implementa una base de datos relacional. Normalmente se aplica en una columna de la tabla secundaria. Uno de los requisitos es que tanto la clave primaria como la foránea deben ser del mismo tipo y tamaño. (Torres Remon, 2015, pág. 50)

BINARY	1 byte por carácter, se puede almacenar cualquier tipo de datos.
BIT	1 byte, los valores y los campos Sí y No solo pueden contener uno de los dos valores.
TINYINT	1 byte, valor entero entre 0 y 255.
MONEY	8 bytes, entero escalado entre - 922.337.203,685.477,5808 y 922.337.203.685.477,5807.
DATETIME	8 bytes, valor de fecha u hora entre los años 100 y 9999.
UNIQUEIDENTIFIER	128 bits, número de identificación único que se usa con llamadas a procedimiento remoto.
REAL	4 bytes, valor de coma flotante de precisión sencilla entre -3,402823E38 y -1,401298E-45 para los valores negativos, y entre 1,401298E-45 y

	3,402823E38 para los valores positivos y 0.
FLOAT	8 bytes, valor de coma flotante de precisión doble entre - 1,79769313486232E308 y - 4,94065645841247E-324 para los valores negativos, y entre 4,94065645841247E-324 y 1,79769313486232E308 para los valores positivos y 0.
SMALLINT	2 bytes, entero corto entre -32.768 y 32.767.
INTEGER	4 bytes, entero largo entre - 2.147.483.648 y 2.147.483.647.
DECIMAL	17 bytes, numérico exacto que contiene valores desde 1028-1 hasta -1028-1. Se puede definir la precisión (1-28) y la escala (0-precisión definida). La precisión y escala predeterminadas son 18 y 0, respectivamente.
TEXT	Dos bytes por carácter, de cero a un máximo de 2.14 gigabytes.
IMAGE	Según sea necesario, de cero a 2,14 gigabytes.
CHARACTER	Dos bytes por carácter, de cero a 255 caracteres.

Tabla 4. Tipo de datos en bases de datos

2.2 Sistema de gestión de base de datos

Sistema de gestión de base de datos (SBD) es el nombre dado a un conjunto de programas informáticos que gestionan una base de datos. su objetivo principal es evitar la manipulación directa por un usuario de una base de datos y establecer un marco estándar para que los datos sean organizados y manipulados y tenga una interfaz estándar para que otros programas puedan acceder a la base de datos. Los SBD también proporcionan herramientas adicionales que tiene como objetivo ayudar a manipular los datos de una base de datos. (Benítez & Arias, 2017, pág. 10)

Es el responsable de controlar las bases de datos, sus componentes, mantener la integridad de los datos, los usuarios que acceden, de recibir las consultas de petición, creación y actualización de la información y muchas otras funcionalidades. (Cabezas Granados & González Lozano, 2014, pág. 146)

2.2.1 MySQL

Uno de los SBD más popular y utilizado para el desarrollo web es MySQL, el cual
suele trabajar en combinación con PHP. Compartiendo algunas características como la
de ser una herramienta bastante recomendable para las personas que comienzan dentro
del desarrollo web ya que tiene distintas funciones que le permiten colocarse como un
Sistema de base de datos muy sencillo de utilizar.

MySQL es considerado como un sistema de gestión de bases de datos relacional, el
cual permite administrar los registros, actualización y eliminación de la información
tal como lo haría SQL Server u Oracle. (Torres Remon, 2015, pág. 15)

La mayoría de los proyectos en PHP en los que participe necesitaran almacenar la
información de forma persistente de alguna manera, ya que es un elemento clave en la
creación de una web dinámica. En la actualidad un proyecto web no se limita a mostrar
paginas estáticas. Utilizando PHP podrá crear proyectos que almacenen información
debido a que el contenido de la web es dinámico y cambia constantemente, e incluso
porque es necesario mostrar información personalizada a los usuarios de la aplicación.
(Cabezas Granados & González Lozano, 2014, pág. 145)

2.2.1.1 Crear base de datos en MySQL

Acceder a phpMyAdmin, mediante el icono de WampServer en la opción
phpMyAdmin.

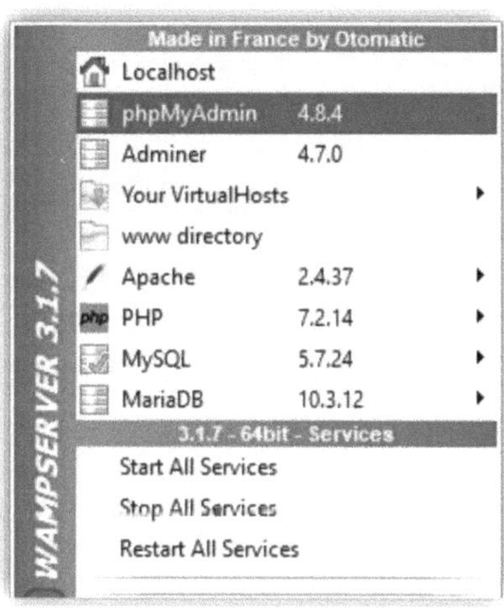

Figura 20. Menú WampServer

Se muestra la página de acceso donde el usuario será *root* y no necesita contraseña. Depende del usuario si se le desea configurar o se puede dejar así, ya que solo es para pruebas y local.

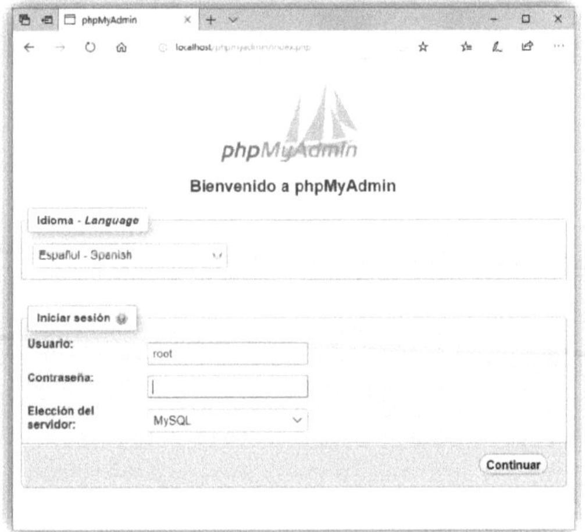

Figura 21. Login de phpMyAdmin

Al acceder mostrara la siguiente pantalla donde se pueden ver las diferentes opciones que phpMyAdmin ofrece.

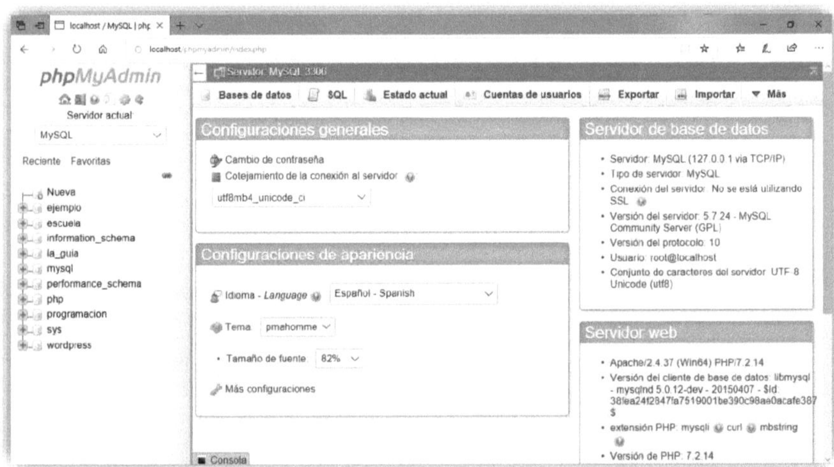

Figura 22. Pantalla de inicio de phpMyAdmin.

Se da clic en el botón de Base de datos que aparece en la parte superior y aparece la lista de las bases de datos que tenemos en el gestor. Colocaremos el nombre que se le asignará a la base de datos y para el cotejamiento se seleccionará utf8_general_ci para no tener problemas con acentos. Se da clic en el botón crear.

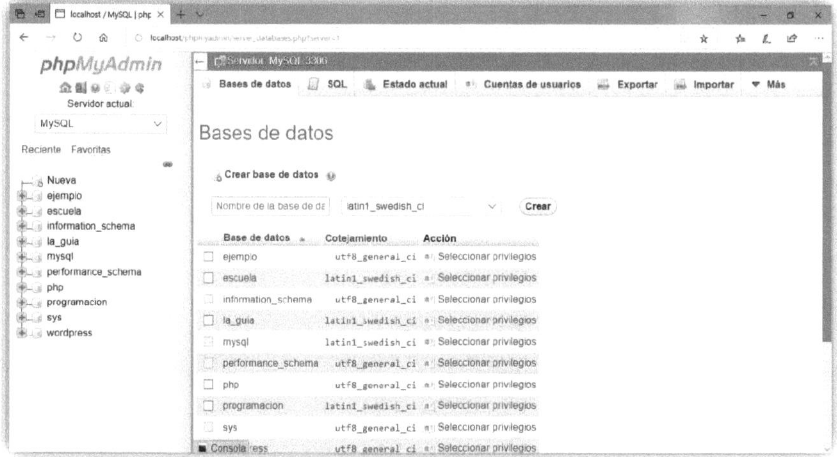

Figura 23. Sección bases de datos

En la seccion de bases de datos situada a la izquierda en la figura 53, se muestra la base de datos creada de nombre Ejemplo junto con las otras que tiene el sistema.

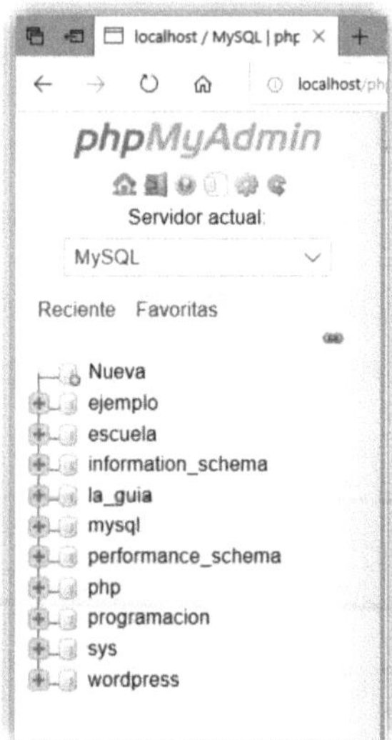

Figura 24. Base de datos Ejemplo en lista de base de datos.

Al seleccionar la base de datos se mostrará la pantalla donde se pueden visualizar las tablas que tiene la base de datos y la opción de crear una nueva. Se coloca el nombre que se le asignara y el número de columnas de la tabla. En este caso será de nombre registro y 3 columnas, se da clic en el botón continuar.

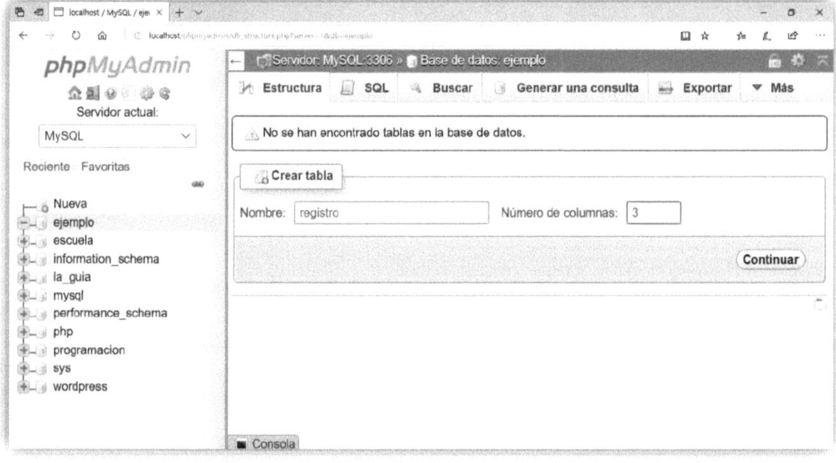

Figura 25. Estructura de base de datos ejemplo.

A continuación, se crean los campos para esta tabla indicando las características necesarias para cada uno y posteriormente se selecciona la opción guardar.

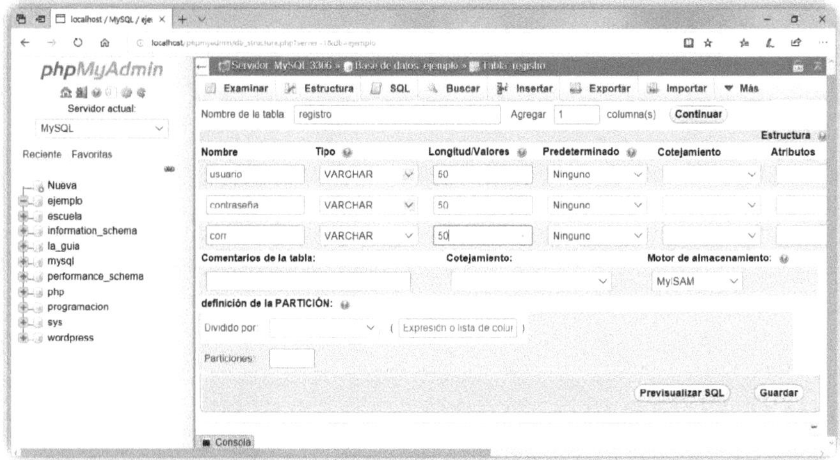

Figura 26. Creación de campos de tabla registro.

Ahora se pueden insertar valores directamente seleccionando la tabla y después la opción insertar, se colocan los datos y se selecciona continuar.

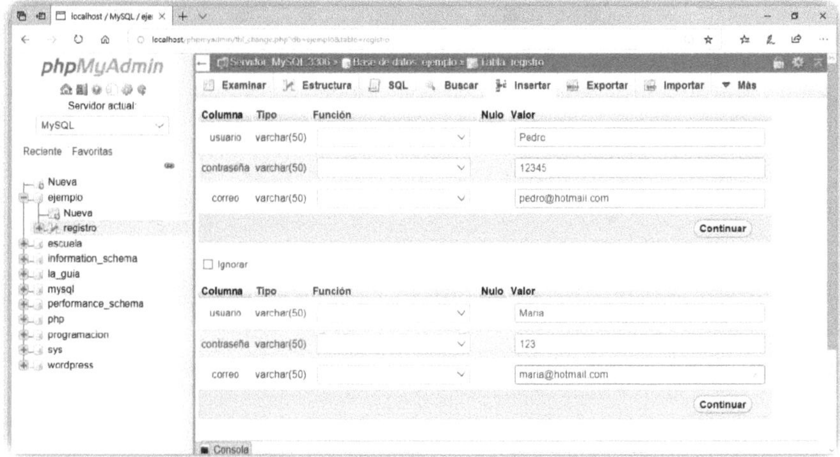

Figura 27. Sección insertar

En la opción de examinar se podrán visualizar los datos que contiene la tabla.

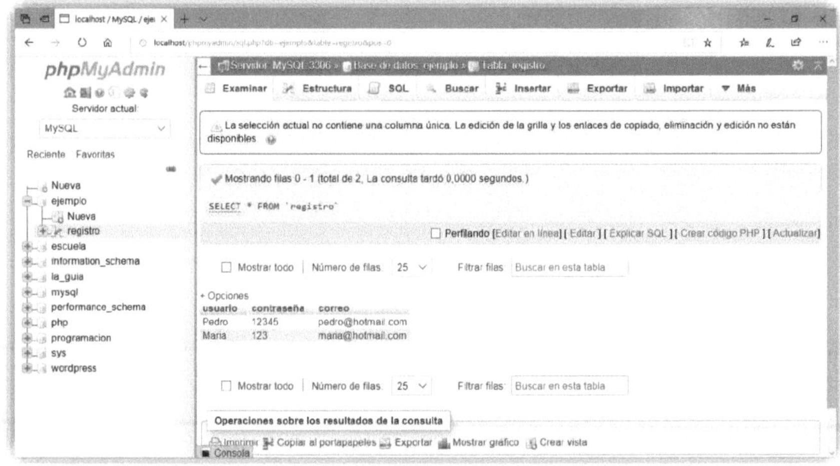

Figura 28. Registros de tabla registro.

2.2 SQL

Para la administración de bases de datos, se utiliza a menudo SQL. Este es un lenguaje de consulta de bases de datos. SQL es la abreviatura de Structured Query Language, y permite no solo formular consultas, sino también crear y manipular tablas. (Spona, 2011, pág. 82)

Con SQL se puede crear bases de datos, consular, modificar, borrar y agregar tablas, así como también borrar, modificar y agregar valores. Entre las sentencias más usadas se encuentran las siguientes:

CREATE DATABASE	Crear una nueva base de datos
CREATE TABLE	Crear una nueva tabla
SHOW DATABASES	Muestra un listado de todas las bases de datos
SHOW TABLES	Muestra un listado de todas las tablas contenidas en esa base de datos
DESCRIBE	Visualizar la estructura
DROP DATABASE	Eliminar una base de datos
DROP TABLE	Eliminar una tabla
ALTER TABLE	Modificar una tabla
TRUNCATE	Vaciar el contenido de una tabla
Modificar datos	
SELECT	Seleccionar datos
INSERT	Insertar datos

UPDATE	Modificar datos
DELETE	Eliminar datos
REPLACE	Remplazar datos
Clausulas para modificaciones	
FROM	Especifica la tabla de la cual se van a seleccionar los registros.
WHERE	Determinar los registros seleccionados en FROM
GROUP BY	Separar datos en grupos
ORDER BY	Ordenar registros en base a un orden especifico
HAVING	Condiciones que tiene que satisfacer un grupo

Tabla 5. Sentencias SQL

Una instrucción de SQL, suele comenzar con una palabra clave de SQL que determina de qué tipo de consulta o de que comando de SQL se trata. La búsqueda de acciones permite, por ejemplo, crear tablas, así como borrar registros de datos y rellenar tablas insertando variables. Sin embargo, antes de poder manipular datos y tablas, es necesario crear una base de datos. (Spona, 2011, pág. 88)

2.2.1 SQL en consola MySQL

En el icono de WampServer se puede encontrar la opción de consola MySQL. Si en algún momento de la configuración se le añadió una contraseña se debe colocar esta de los contrario solo se pulsa *enter* ya que por defecto no tiene contraseña establecida.

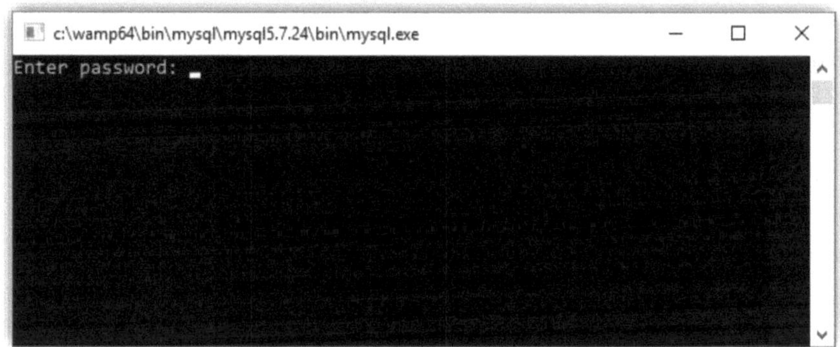

Figura 29. Consola MySQL

Para crear una nueva base de datos se utiliza la siguiente instrucción.

CREATE DATABASE nombreBase;

La sentencia *CREATE DATABASE* indica que el objeto a crear es una base de datos enseguida se indica el nombre que se le asignara a la base de datos. Todas las instrucciones finalizan con punto y coma, y si la sentencia esta correcta se mostrara un mensaje indicando que esta se ejecutó correctamente de lo contario manda un mensaje de error.

Cabe mencionar que las sentencias pueden escribirse de igual forma en minúscula, en este caso será con mayúscula para ayudar a identificar las palabas claves de las palabras que van a ir variando dependiendo de lo que se esté trabajando.

A continuación, se crea la base de datos Tienda.

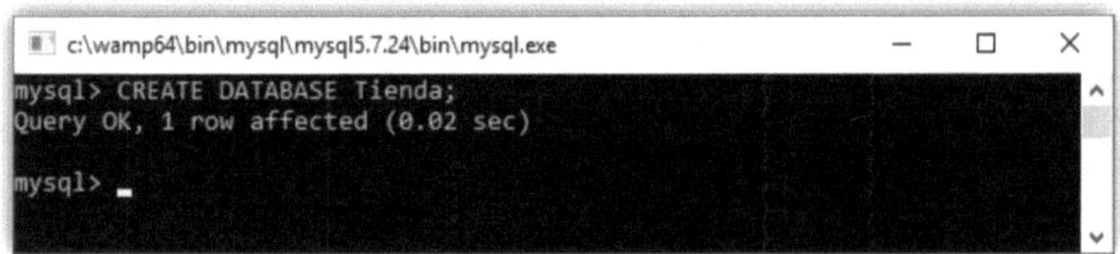

Figura 30. Creación de base de datos Tienda

"La creación de una base de datos permite implementar una base de datos vacía, próximamente debe activarla y, luego crear tablas y objetos necesarios." (Torres Remon, 2015, pág. 30) Para activar la base de datos y permita insertar, modificar o eliminar objetos dentro de esta, se utiliza la siguiente sentencia:

USE nombreBase;

A continuación, se indicará que se comenzará a utilizar la base de datos Tienda anteriormente creada.

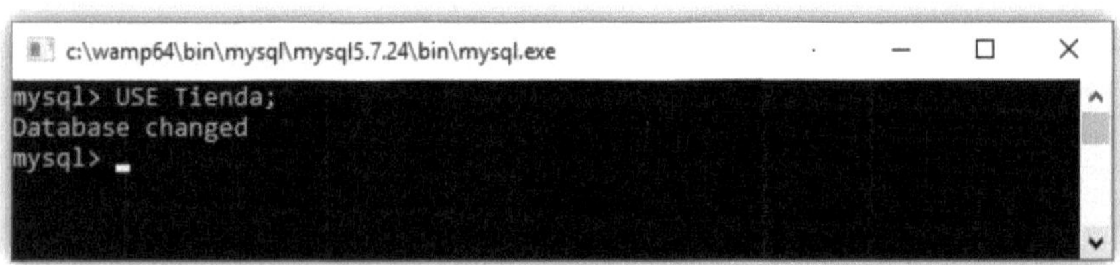

Figura 31. Se indica el uso de la base de datos Tienda.

Ahora se puede crear una tabla dentro de la base de datos Tienda para ello se utiliza la siguiente sentencia:

CREATE TABLE nombreTabla (campo tipo(tamaño), campo tipo(tamaño));

Donde se indica primeramente la instrucción para crear una tabla seguido del nombre que se estaría asignando a la tabla y por último entre paréntesis se indican los nombres de los campos que tendrá, el tipo de dato que almacenara y entre paréntesis el tamaño. A continuación, se crea la tabla Cliente con el campo ID de tipo entero con tamaño de 20 y el campo Nombre de tipo cadena con un tamaño de 50 caracteres

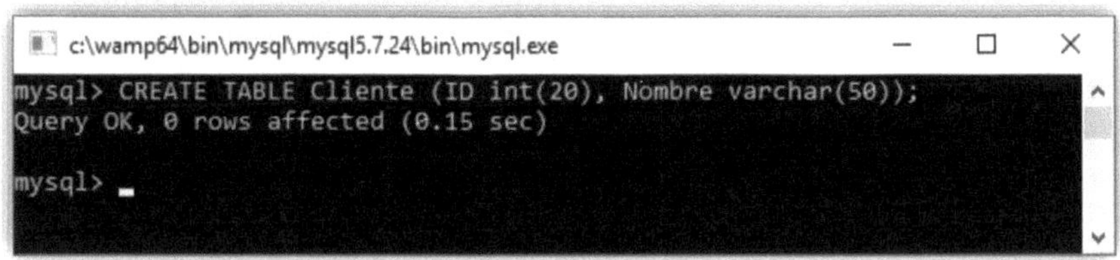

Figura 32. Creación de la tabla Cliente.

Ya que se tiene la tabla creada se le pueden insertar datos y para esto se utiliza la siguiente sentencia.

INSERT INTO nombreTabla VALUES (dato, dato);

Se indica la instrucción para insertar valores el nombre de la tabla la palabra *VALUES* hace referencia a los valores que se insertaran en la tabla y, por último, se colocan los datos que según el orden de los campos de la tabla. Como se ha visto anterior mente si los valores son de tipo cadena se colocan entre comillas.
A continuación, se insertan el ID 554158 y el nombre Martin Alanís en la tabla Cliente.

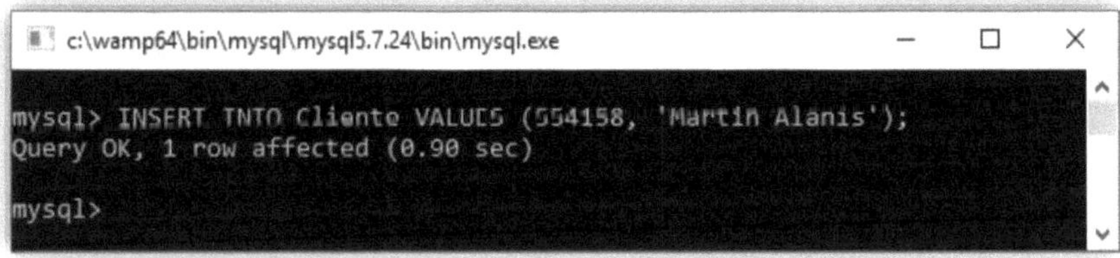

Figura 33. Insertar valores a la tabla Cliente.

Al momento de insertar valores en la tabla cabe la posibilidad que no se recuerde cual es el orden de los campos o de que tipo son en este caso es de gran ayuda revisar la estructura de la tabla para esto se utiliza la siguiente sentencia.

DESCRIBE nombreTabla;

A continuación, se solicita la estructura de la tabla cliente.

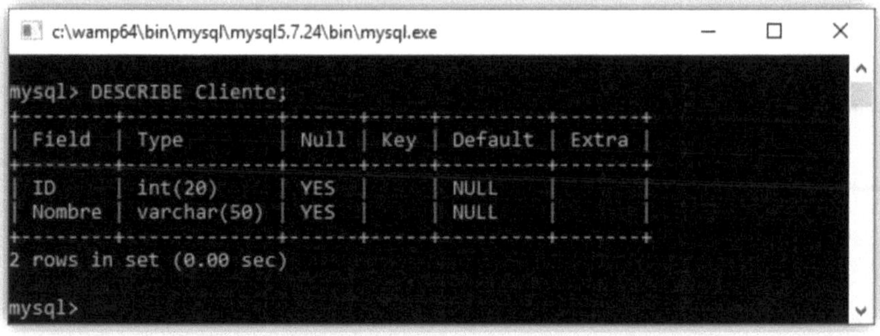

Figura 34. Estructura de la tabla Cliente.

En dado caso de que sea necesario visualizar todos los datos que tiene la tabla se utiliza la siguiente sentencia.

SELECT *FROM nombreTabla;

A continuación, se muestran los datos contenidos dentro de la tabla Cliente.

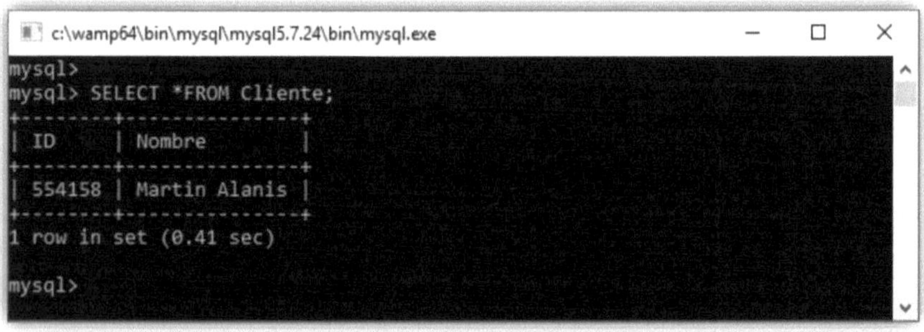

Figura 35. Datos de la tabla Cliente.

En determinado momento se puede tener la necesidad de modificar una tabla para esto se utilizará *ALTER TABLE* la cual se complementará dependiendo de lo que se quiera modificar. Supongamos se desea agregar una columna a la tabla, la sentencia seria la siguiente.

> **ALTER TABLE nombreTabla ADD nombreColumna tipo(tamaño);**

Donde *ALTER TABLE* que la modificación será para una tabla, en seguida se coloca el nombre de la tabla, después la acción ADD que hace añade una definición de columna a una tabla existente, por último, se coloca el nombre, tipo y tamaño de la nueva columna. A continuación, se añade la columna Direccion a la tabla Cliente.

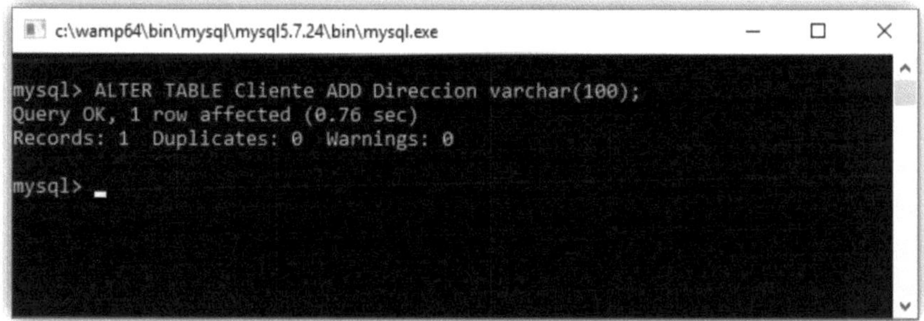

Figura 36. sentencia para añadir la columna Direccion a la tabla Cliente.

La siguiente instrucción se utiliza para cambiar el nombre de una columna ya existente.

> **ALTER TABLE nombreTabla CHANGE antigunoNombreColumna nuevoNombreColumna tipo(tamaño);**

Donde la acción *CHANGE* permite definir una columna y renombrarla. A continuación, se cambiara el nombre del campo Direccion por Direccion_completa.

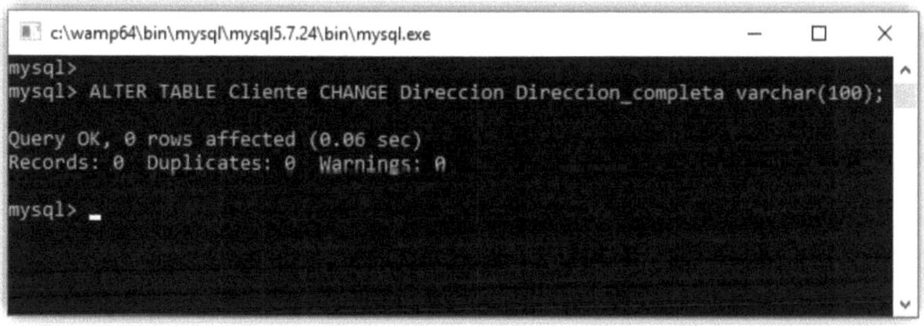

Figura 37. Instrucción para cambio de nombre de columna Direccion por Direccion_completa.

Así como se puede agregar o modificar una columna también se puede eliminar, y se utiliza la siguiente sentencia.

| **ALTER TABLE nombreTabla DROP COLUMN nombreColumna;** |

La acción *DROP COLUM* hace referencia a que se eliminara una columna y enseguida solo se coloca el nombre de esta. A continuación, se eliminará la columna Direccion_completa de la tabla Cliente. Al mostrar la estructura de la tabla se puede visualizar que se eliminó la columna indicada.

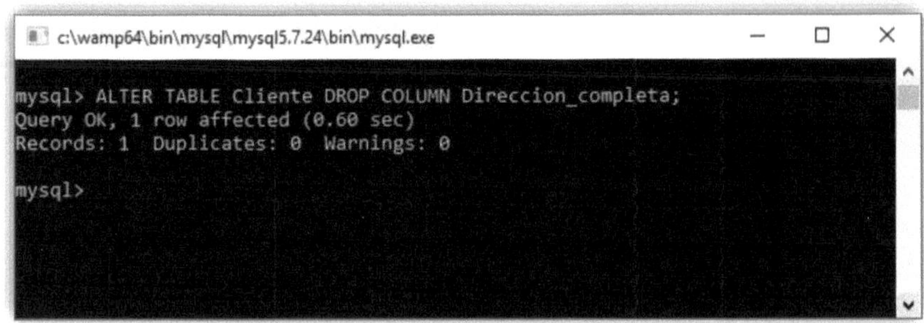

Figura 38. Eliminación de columna Direccion_completa.

En caso de que se quiera cambiar el nombre de la table se utiliza la siguiente sentencia.

| **ALTER TABLE nombreAntiguoTabla RENAME nuevoNombre;** |

Después de la instrucción para modificar una tabla se indica el nombre de la tabla que será cambiado, la acción *RENAME* hace referencia que se le estará asignando un nuevo nombre a la tabla, nombre que se indica después de esta acción.
A continuación, se cambia el nombre de la tabla Cliente por Clientes_nuevos.

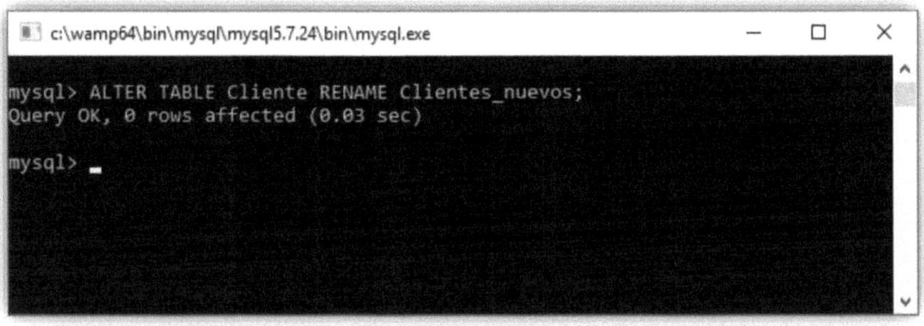

Figura 39. Cambio de nombre tabla Cliente por Clientes_nuevos.

Para visualizar las tablas que contiene una base de datos y para visualizar las bases de datos que tiene le servidor, se utilizan las siguientes instrucciones.

```
SHOW TABLES;
SHOW DATABASES;
```

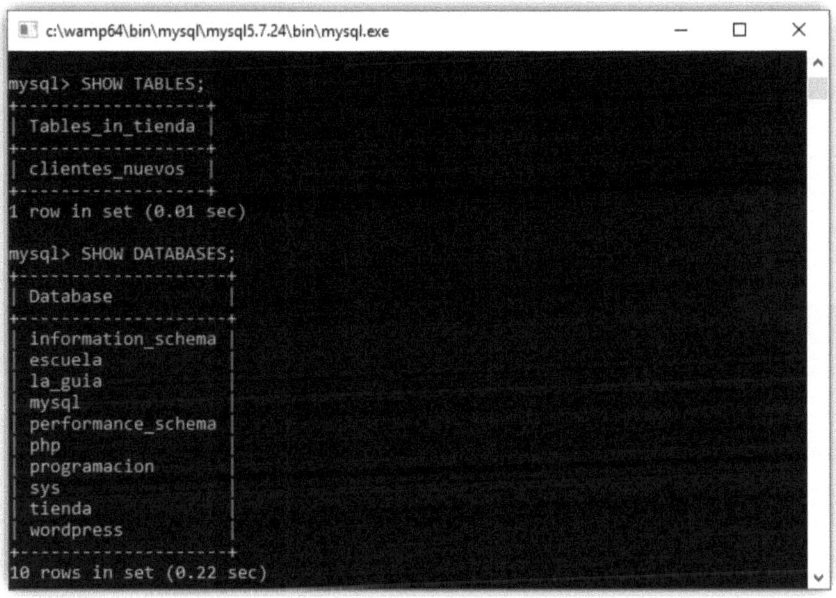

Figura 40. Tablas que contiene la base de datos Tienda y Bases de datos que tiene el servidor.

La siguiente sentencia se utiliza para vaciar en su totalidad la tabla de los datos que contiene.

TRUNCATE TABLE nombreTabla;

A continuación, se eliminarán todos los datos de la tabla Clientes_nuevos.

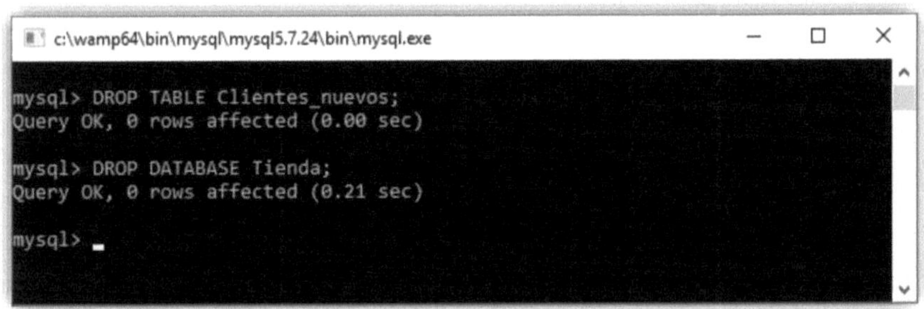

Figura 41. Sentencia para vaciar el contenido de la tabla Clientes_nuevos.

Las siguientes sentencias se utilizan para borrar una tabla y una base de datos. Es recomendable solo utilizar esta sentencia cuando se esté completamente seguro de que se desea hacer ya que el borrar una tabla o base significa que se perderán todos los registros que contengan de forma irreversible.

DROP TABLE nombreTabla; **DROP DATABASE nombreBase;**

A continuación, se borrará la tabla Clientes_nuevos y posteriormente la base de datos Tienda.

Figura 42. Eliminación de tabla Clientes_nuevos y base de datos Tienda.

Ejemplo
Se muestra un repaso de las cláusulas explicadas anteriormente con el siguiente ejercicio.
- Primeramente, se creará una base de datos llamada escuela.

- Se crea una tabla llamada alumnos la cual estará conformada por los siguientes campos:
  - Matricula de tipo entero con tamaño de 10 caracteres, este campo no podrá ir vacío.
  - Nombre de tipo cadena con tamaño de 50 caracteres.
  - grupo de tipo cadena con tamaño de 10 caracteres.

Instrucciones SQL

```
CREATE DATABASE Escuela;
USE Escuela;
CREATE TABLE Alumnos (Matricula int(10) NOT NULL, Nombre
varchar (50), grupo varchar (10));
```

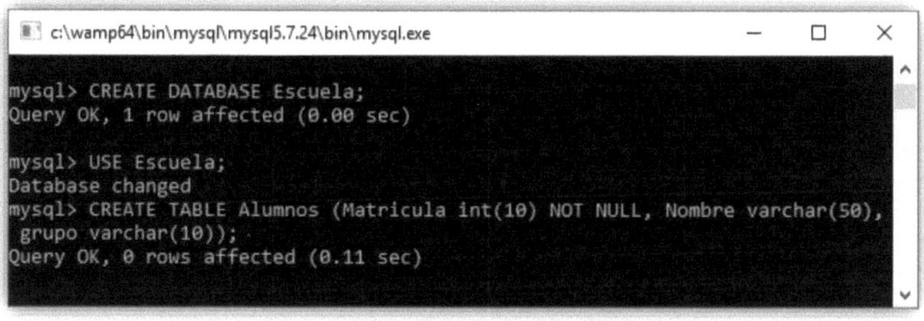

Figura 43. Ejemplo de repaso.

Se solicita agregar un nuevo campo con el nombre Edad de tipo entero con tamaño de 2 caracteres y modificar el campo grupo por grado_grupo.

Instrucciones SQL

```
ALTER TABLE Alumnos ADD Edad int(2);
ALTER TABLE Alumnos CHANGE grupo grado_grupo varchar(10);
```

Instrucción para mostrar resultado
```
DESCRIBE Alumnos;
```

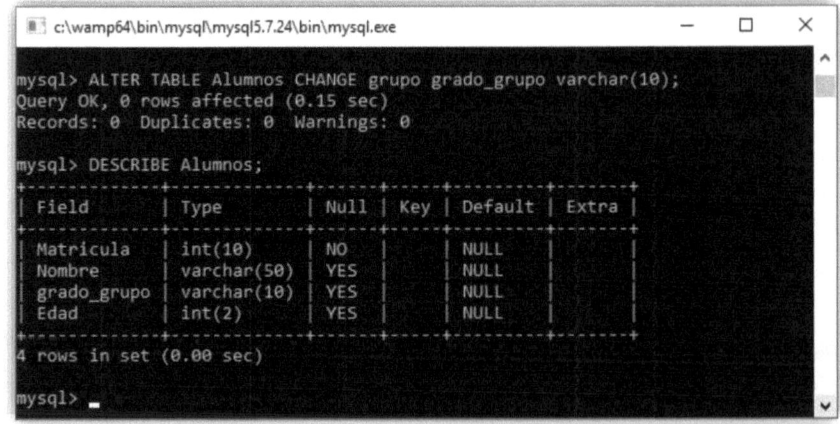

Figura 44. Modificaciones de ejemplo de repaso.

Insertar los siguientes datos en la tabla

548745	Maria Perez	5C	10
254155	Pedro Aguilar	4C	9
487458	Juan Medina	5A	10
985652	Mario Lopez	3B	8
356845	Jazmin Madero	2A	7

INSERT INTO Alumnos VALUES (548745, 'Maria Perez', '5C', 10),(254155, 'Pedro Aguilar', '4C', 9), (487458, 'Juan Medina', '5A', 10), (985652, 'Mario Lopez', '3B', 8), (356845, 'Jazmin Madero', '2A', 7);

Para mostrar los resultados

SELECT *FROM Alumnos;

```
c:\wamp64\bin\mysql\mysql5.7.24\bin\mysql.exe
mysql> INSERT INTO Alumnos VALUES (548745, 'Maria Perez', '5C', 10),(254155,
'Pedro Aguilar', '4C', 9),(487458, 'Juan Medina', '5A', 10),(985652, 'Mario
Lopez', '3B', 8),(356845, 'Jazmin Madero', '2A', 7);
Query OK, 5 rows affected (0.08 sec)
Records: 5  Duplicates: 0  Warnings: 0

mysql> SELECT *FROM Alumnos;
+-----------+---------------+-------------+------+
| Matricula | Nombre        | grado_grupo | Edad |
+-----------+---------------+-------------+------+
|    548745 | Maria Perez   | 5C          |   10 |
|    254155 | Pedro Aguilar | 4C          |    9 |
|    487458 | Juan Medina   | 5A          |   10 |
|    985652 | Mario Lopez   | 3B          |    8 |
|    356845 | Jazmin Madero | 2A          |    7 |
+-----------+---------------+-------------+------+
5 rows in set (0.00 sec)
```

Figura 45. Datos de tabla alumnos.

Para seleccionar datos de una tabla indicando una condición se utiliza la siguiente instrucción.

SELECT * FROM nombreTabla WHERE nombreCampo=datoAbuscar;

La acción indica que se seleccionaran los datos de la tabla, en seguida se indica el nombre de la tabla, la acción WHERE que indica la condición seguida del nombre del campo que se igualara con el dato que se desea obtener.

A continuación, se muestra la búsqueda de los alumnos con el nombre de Pedro Aguilar.

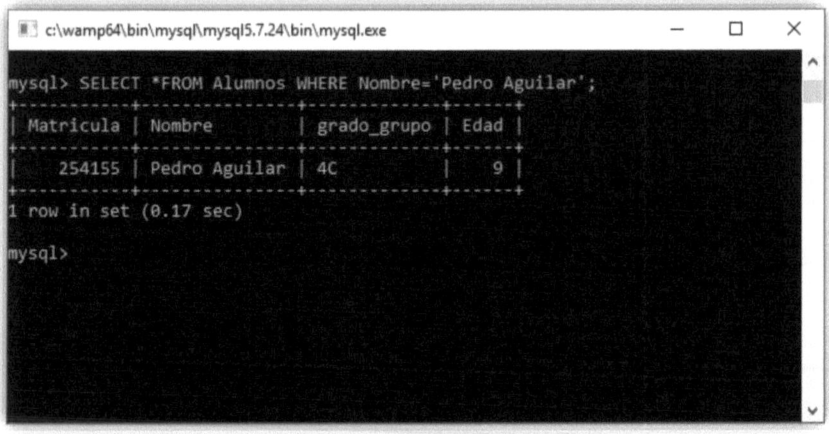

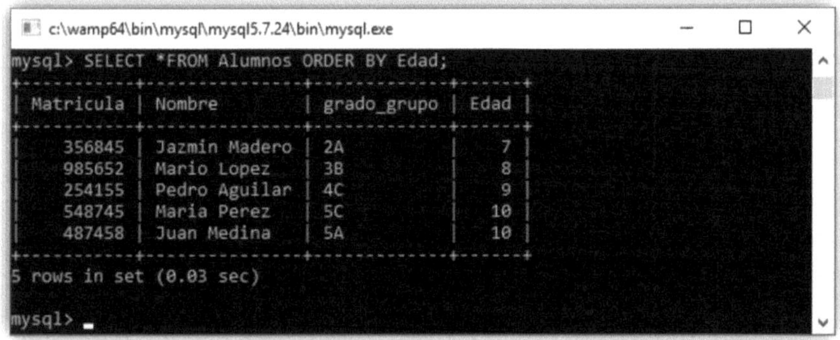

Figura 46. Alumnos con el nombre de Pedro Aguilar en tabla alumnos.

Para visualizar la información ordenada de acuerdo a un criterio se utiliza la siguiente instrucción.

> **SELECT * FROM nombreTabla ORDER BY campoTabla;**

Se indica la acción para solicitar los datos de la tabla, el nombre de la tabla que se va a consultar y la acción ORDER BY indica que los datos se estarán mostrarán ordenados en base al campo de la tabla indicado en seguida de esta acción.

A continuación, se ordenan los datos de la tabla alumnos en base a el campo edad.

Figura 47. Tabla alumnos ordena en base a la Edad.

Para buscar algún dato el cual no se tiene exactamente se utiliza la siguiente sentencia

> **SELECT *FROM nombreTabla WHERE campoNombre LIKE
> '%coincidencia%';**

Seleccionar cuando encuentre una coincidencia antes o después por %%

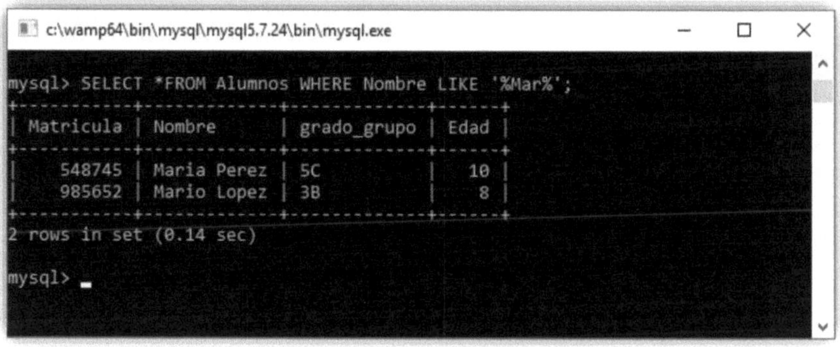

Figura 48. Coincidencias con Mar.

Cuando se desea obtener solo algunos campos de la tabla se utiliza la siguiente sentencia.

> **SELECT campo1, campo2,….. FROM nombreTabla**

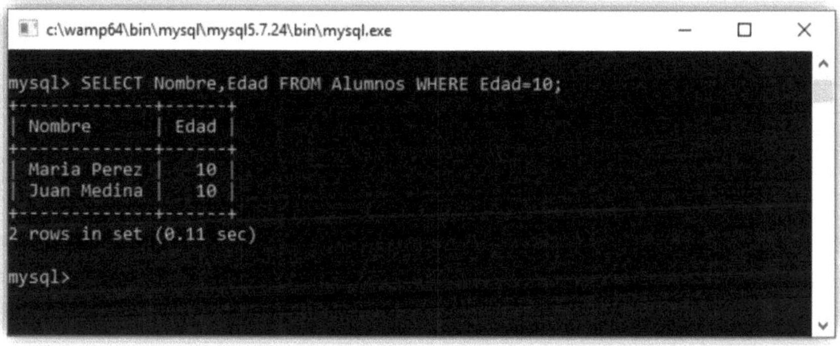

Figura 49. Columna Nombre y Edad de tabla alumnos donde la edad sea 10

Para eliminar un registro se utiliza la siguiente sentencia.

> **DELETE FROM nombreTabla WHERE Condicion.**

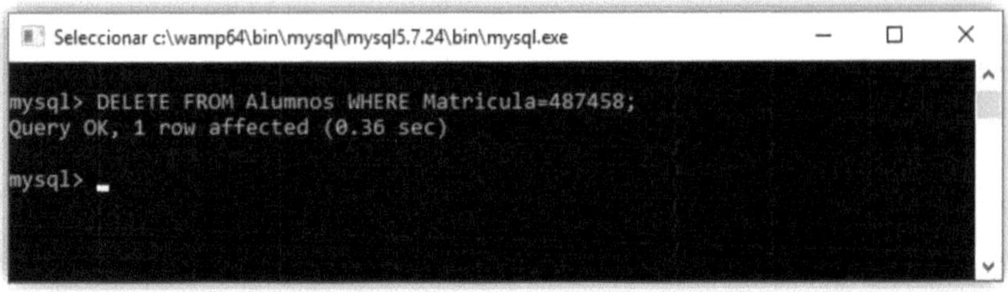

Figura 50. Eliminación de registro con Matricula 487458.

Para actualizar los datos de una tabla se utiliza UPDATE indicando los campos que se modificaran.

UPDATE nombreTabla SET nombreCampo=nuevoDato WHERE nombreCampo=valorBuscado.

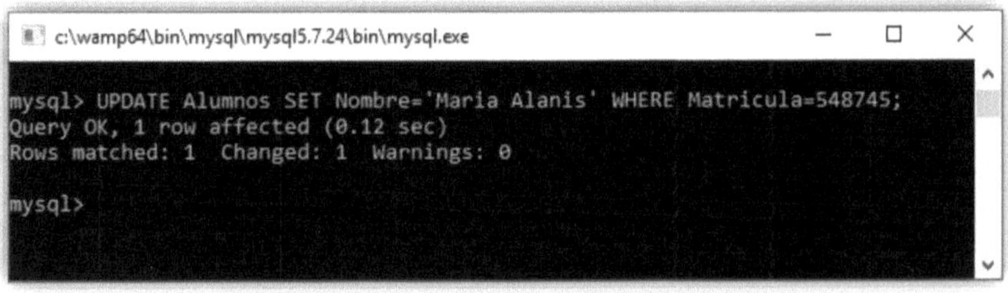

Figura 51. Modificación de registro con Matricula 548745.

2.3.2 Conexión con PHP

"PHP es el lenguaje de programación que soporta muchos gestores de base de datos, pero el más usado es MySQL". (Torres Remon, 2015, pág. 77) Ya que se tiene una gran facilidad de integración por lo cual es común ver su unión en distintos casos. *"Conectarse a un servidor de base de datos conlleva tener ciertos requisitos previos como el nombre del servidor, el nombre del usuario y su respectiva contraseña."* (Torres Remon, 2015, pág. 77)

Para la conexión se utilizará la función mysqli_connect que se encarga de abrir una nueva conexión con MySQL y dentro de esta se indica también la base de datos con la que se desea trabajar. Para su futura utilización se almacena esta sentencia en una variable que almacenara el valor verdadero si la conexión se realiza con éxito o de lo contrario false si no se realizó correctamente. Su sintaxis es la siguiente:

> $con=mysqli_connect("servidor","usuario","contraseña","base de
> datos");

2.3.2.1 Ejemplo de conexión

Se hará la conexión con la base de datos anteriormente creada la cual se le coloco el
nombre de PHP. El servidor mientras se siga utilizando el local será localhost, una vez
que se implemente algún hosting este cambiara; se tiene conciencia de que el usuario
por defecto de la base de datos fue *root* y no se le asigno contraseña por ello quedaría
vacío.

La variable *$con* en este caso almacena un valor booleano referente a la conexión, se
puede decir que si la conexión se realizó con éxito la variable será verdadera de lo
contrario si no se puede llevar a cabo la conexión esta variable tendrá como valor falso.
En el caso de la condición si la variable es verdadera se mostrará el mensaje "Conexión
exitosa". En caso contrario se mostrará el mensaje "Error al conectar a la bd".

```php
<?php
//conexion con la base de datos php
$con=mysqli_connect("localhost","root","","php") or die ("Error al
conectar a la bd ");

if ($con) {
    echo "Conexión exitosa";
}
?>
```

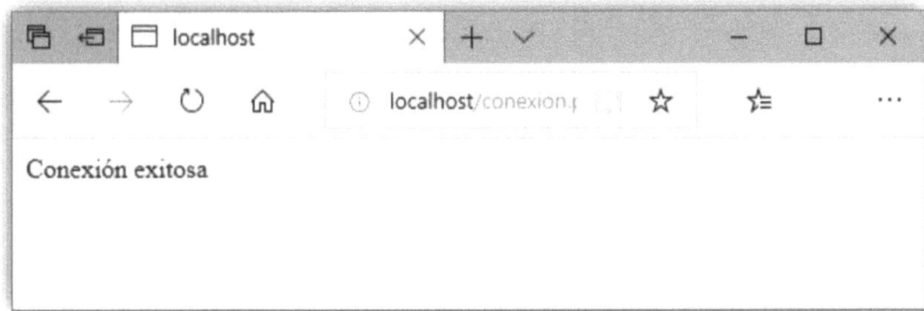

Figura 52. Resultado de conexión.

2.3.3 Consultas

Una vez realizada la conexión y seleccionada una base de datos desde el servidor,
puede recuperar información desde las tablas de la base de datos activa; para ello, use

la función mysqli_query que permite ejecutar una sentencia de consulta al servidor.
(Torres Remon, 2015, pág. 82)

Sintaxis

Mysqli_query(conexiónBase, "SELECT * FROM nombreTabla");

Ejemplo

```php
<?php
//conexión con la base de datos php
$con=mysqli_connect("localhost","root","","php") or die ("Error al
conectar a la bd ");
 //consulta con la tabla registro
$consulta=mysqli_query($con,"SELECT * FROM registro");
//si la $consulta es true
if ($consulta) {
      echo "Consulta con éxito";
}
//si $consulta es false
else{
      echo "Error, no se puede hacer la consulta";
}
?>
```

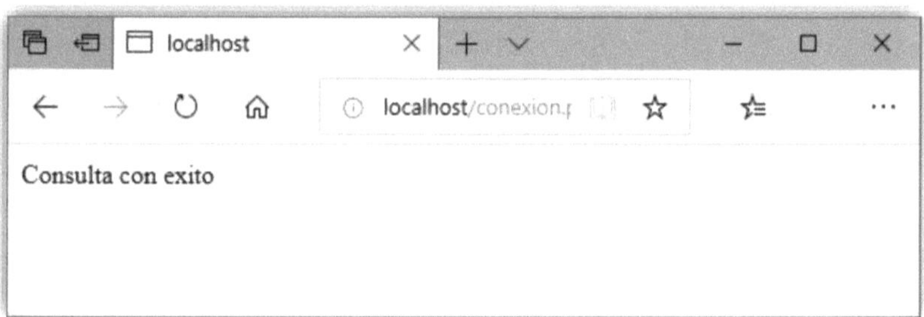

Figura 53. Consulta a tabla registro.

2.3.4 Funciones de MySQL

mysqli_connect()	Permite conectar a un servidor
mysqli_query()	Para generar una consulta recuperando información de la base de datos
mysqli_num_rows()	Determina el número de registros encontrados
mysqli_close()	Cierra la conexión

mysqli_drop_db()	Elimina una base de datos
mysqli_create_db()	Crea una base de datos
mysqli_fetch_array()	Recupera una fila de resultados como un array asociativo, un array numérico o como ambos
mysqli_fetch_row()	Obtiene una fila de resultados como un array numérico
mysqli_field_name()	Obtiene el nombre del campo especificado de un resultado
mysqli_field_type()	Obtiene el tipo del campo especificado de un resultado
mysqli_list_fields()	Lista los campos de una tabla de MySQL
mysqli_num_fields()	Obtiene el número de campos de un resultado
mysqli_select_db()	Seleccionar una base de datos MySQL

Tabla 6. Funciones para MySQL.

Durante los siguientes temas hacer este tipo de consultas adquirirán mayor sentido, mostrando la utilidad de estas en aplicaciones web permitiendo tener así más clara la funcionalidad de ellas.

Capítulo 3

3. Páginas web dinámicas

Su principal característica es que el usuario puede interactuar con la página web ya que esta brinda la oportunidad de personalizar su contenido. Además de ofrecer todas las funcionalidades de una página estática estas permiten crear aplicaciones dentro como foros, envió de correos, compra de productos, chats, pagos etc.

Constantemente estas páginas están cambiando por ello mismo se sabe que su desarrollo es mucho más complejo que el de una página estática, ya que estas se están generando mediante varias y no solo una consulta al servidor. Para desarrollar una página web dinámica se necesitan conocimientos de la gestión de bases de datos para poder almacenar y suministrar la información que vaya ingresando o solicitando el usuario, la cual se ira mostrando dentro de la página. Además, se necesitan conocimientos de algún lenguaje de programación mediante el cual se desarrollarán las tareas que mostrara la página web.

Una página web dinámica constantemente presenta cambios en su información al momento de su ejecución, a diferencia de las paginas estáticas se puede hacer la actualización de su contenido sin tocar su código. Pero para que esto sea posible durante desarrollo es necesario una combinación de lenguajes de script que permitan insertar código dentro de la web en tiempo real. Una interfaz de lado servidor que permite llevar a cabo cierta interactividad.

Pensemos en cualquiera de los sistemas o aplicaciones Web que usamos a diario: un sistema de comercio electrónico, un *home banking*, un *weblog* para publicar noticias, un campus virtual, una red social. Todos estos sistemas tienen una arquitectura común: están compuestos por una doble interfaz, es decir tienen dos "zonas" completamente diferenciadas: una zona de páginas para uso de los clientes/alumnos/etc., y otra serie de páginas para uso privado del dueño/administrador del sistema. (Beati, 2011, pág. 328)

3.1 Front-end

Es el entorno del lado cliente, es lo que se ve en el navegador, es la parte frontal de la página web. Desde la estructura, colores, fondos, tamaños, estilos, efectos y animaciones. Por ello suele asociarse el desarrollo front-end con el diseño web de la página, pero realmente va más allá ya que además de HTML y CSS que se encargan de la estructura y estilo se trabaja con JavaScript lenguaje de programación que se encarga de darle dinamismo a la página.

3.1.1. Componentes de una aplicación web

Los componentes de una aplicación web que entran en contacto en todo momento con el usuario son los utilizados para mostrar información e interactuar con él. En el mundo del desarrollo web son también conocidos como vistas o front-end. (Cabezas Granados & González Lozano, 2014, pág. 41)

Se trata de la parte visual del contenido, donde se presenta la parte más atractiva y creativa de una aplicación. se presentan en conjunto colores, estilos, animaciones entre otros que son parte del diseño web.

Las vistas de nuestras aplicaciones web muestran la información mediante lenguaje HTML, la estilizan mediante hojas de estilo en cascada o CSS (Cascade Style Sheet) y añaden interactividad utilizando un lenguaje que es interpretado también por el navegador: JavaScript. (Cabezas Granados & González Lozano, 2014, pág. 41)

3.1.1.1 HTML

HTML es el acrónimo de HiperText Markup Language o Lenguaje de Marcado de HiperTexto. Es un lenguaje de etiquetas que permite estructurar la información que deseamos transmitir a los usuarios de una aplicación web de múltiples y diversas formas. Toda página web se compone de etiquetas HTML para mostrar la información, ya sea texto, imágenes o vídeo, en forma de bloques, tablas, formularios, secciones, listas y enlaces entre páginas. (Cabezas Granados & González Lozano, 2014, pág. 41)

Mediante sus etiquetas se le da estructura y forma al contenido, se pueden colocar todos los elementos en bloques de información de diferentes tipos. Así pues, se consigue mostrar el contenido de una forma ordenada y seleccionada según sea requerido.

3.1.1.2 CSS

Para simplificar la definición de los estilos en HTML se creó lo que se conoce como Hojas de Estilo en Cascada o CSS, se trata de otro lenguaje que permite definir los estilos a aplicar en las etiquetas HTML de forma independiente, flexible y reutilizable, descargando de esa responsabilidad a cada etiqueta. De esta forma, ya no es necesario repetir cada estilo en las etiquetas de apariencia similar, sino definirlo una vez y aplicarlo en múltiples etiquetas nombrando el estilo definido la hoja de estilos. (Cabezas Granados & González Lozano, 2014, pág. 42)

CSS define el diseño de los elementos de HTML, y al ser un archivo externo este puede controlar el diseño no solo de una página sino de varias a la vez disminuyendo así la cantidad de código y permitiendo crear páginas más flexibles y ligeras, con mayor precisión y facilidad para la corrección de errores. Al agrupar las etiquetas HTML por clases o identificadores, CSS permite con tan solo unas líneas asignar diseño a varias etiquetas.

3.1.1.3 JavaScript

HTML es un lenguaje de marcado, no permite mayor interactividad con el usuario que el proporcionado por las etiquetas de enlaces para navegar hacia otras páginas web y el uso de formularios para enviar información hacia y desde la página web. Para añadir más interacción con el usuario se utiliza otro lenguaje de programación llamado JavaScript que es interpretado por el navegador y permite realizar acciones como validar la información incluida en un formulario o modificar las etiquetas HTML y sus características sin la necesidad de acceder a otra página web. (Cabezas Granados & González Lozano, 2014, pág. 42)

Este lenguaje surge inicialmente con el objetivo de programar los comportamientos de las páginas web haciendo posible la interacción con el usuario y distintas acciones. permite validar formularios, mostrar distintas notificaciones, efectos; convirtiéndose así en el motor de prácticamente todas las aplicaciones que se encuentran en la web.

JavaScript es un lenguaje completo de programación y como todo lenguaje su uso se simplifica mediante la creación de librerías o API que contienen multitud de utilidades ya programadas, descargando a los desarrolladores de ese esfuerzo. (Cabezas Granados & González Lozano, 2014, pág. 43)

El tema principal de este material no trata necesariamente de estos componentes por ello no se dará una descripción completamente detallada de cada uno. Si se tiene algún conocimiento sobre estos no se tendrá ningún problema en los siguientes capítulos por el contrario si se desconoce completamente será necesario comenzar a familiarizarse con etiquetas, estilos y comandos de estos componentes. Ya que los siguientes temas trataran sobre la parte visual de las aplicaciones.

3.2 Back-end

Se encarga de la parte lógica, trabaja del lado servidor siendo así el encargado de que todo funcione como debería. es la parte no visible donde se programan las funciones que requerirá la página, incluyendo también las partes de base de datos.

Al día de hoy se puede decir que son numerosos los lenguajes de programación que te permiten cumplir con esta tarea como lo son ASP, Ruby, Python, entre otros. Pero uno de los más populares es el lenguaje del que se ha venido hablando PHP. En cuanto a la herramienta que ayuda a almenar datos se encuentran entre las más populares SQL Server, Oracle, PostgreSQL, MySQL, entre otros.

Una velocidad optima, una buena capacidad de respuesta y la actualización correcta es tarea del back-end.

3.3 PHP en HTML

Al insertar código PHP en una página de este tipo, este puede ir en cualquier parte, también dentro de un elemento HTML, delante de la etiqueta <head> o detrás de la etiqueta </body>. el código PHP estará incluido dentro de los símbolos <?PHP y ?>. (Spona, 2011, pág. 15)

Los ejemplos que se realizaron anteriormente en el primer capítulo mostraron la forma de utilizar los elementos básicos de PHP, pero realmente no tenían mucho sentido pues no se tenía aun la interacción con el usuario, es decir, en ocasiones es necesario el usuario nos proporcione cierta información la cual corresponde a las variables que se evaluaron y así los ejemplos tendrían mayor pues realizarían las instrucciones dependiendo de la información recibida.

Para obtener esa información se utilizan formularios, que son un componente web que incluye varios tipos de elementos que permiten que el usuario pueda escribir texto, seleccionar opciones de una lista, seleccionar un fichero, etc. Además de esos elementos, un formulario debe contener un botón para enviar esa información a algún sitio, que suele ser un servidor donde se procesará con algún lenguaje de programación, en nuestro caso PHP. (Cabezas Granados & González Lozano, 2014, pág. 51)

3.4 Formularios

Para crear formularios de forma apropiada primero debe entender cómo se procesan. Esto es muy sencillo. Los formularios son código HTML puro. Todos los elementos de control del formulario se definen con elementos HTML especiales, y se les da un nombre y un formato. Para el formulario en si no es obligatorio usar PHP. (Spona, 2011, pág. 159)

Se delimitan mediante la etiqueta <from> y dentro de esta etiqueta se indica la forma en la que se utilizaran los datos que se introduzcan en el formulario, esto mediante los siguientes atributos

- Method: indica la forma en la que se enviaran los datos POST o GET
- Action: indica a que página se enviaran los datos.
    - GET: los datos se añaden a la URL de la página a la cual se enviarán separados por ?.
    - POST: los datos no son visibles este método es ideal cuando se envían varios valores.

<input> es un elemento de control del formulario. Y entre sus atributos más importantes a considerar son los siguientes

- type indica cual será el uso del input algunos de sus valores son:
  - Submit: botón para enviar los datos del formulario.
  - Text: caja de texto para ingresar datos.
  - Password: caja de texto para ingresar datos de tipo contraseñas.
  - Reset: reinicia los valores.
  - Checkbox: permitir seleccionar una o más opciones de un número limitado de opciones.
  - File: campo para selección de archivo.
  - Hidden: campo oculto.
  - Radio: seleccionar solo una opción de un número limitado de opciones.
  - Button: botón pulsable.
  - Textarea: área de texto.
- name: el nombre que se le asigna al y por el cual se identificará al momento de recibir la información del lado servidor, no se puede omitir este atributo ya que no se tendría la forma de diferenciar la información enviada.
- value: da un valor inicial al control.
- readonly: se muestra el elemento y su valor, pero no se puede hacer alguna modificación.
- disable: muestra el campo desactivado.
- size: el tamaño del elemento del control.
- maxlength: indica la cantidad máxima que acepta el elemento de control.
- placeholder: añade texto explicativo solo cuando el campo está vacío.

<select> se utilizan para definir campos de lista.

- <option> con este elemento se pueden indicar las entradas de la lista

3.4.1 Ejemplo formulario

```
<!DOCTYPE html>
<html>
<head>
<title>Formulario</title>
</head>
<body>
<form method="" action="" style="border: solid; padding: 10px;
width: 220px; text-align: center; margin: auto;">
Matricula<br>
<input type="text" name="Matricula"><br>
Nombre<br>
<input type="text" name="Nombre"><br>
Grado<br>
<input type="text" name="Grado"><br>
```

```
Grupo<br>
<input type="text" name="Grupo"><br>
Edad<br>
<input type="text" name="Edad"><br>
Dirección<br>
<input type="text" name="Dirección"><br>
<br>
<input type="submit" value="Enviar">
</form>
</body>
</html>
```

Figura 54. Ejemplo formulario

3.4.2 Ejemplo de un formulario para registro de alumnos

Se solicita un sitio donde se puedan almacenar los alumnos de una institución, el cual contra con las siguientes secciones:

- Sección agregar mediante la cual se permitirá añadir un nuevo alumno. Este contara con los siguientes campos y características:
  - Matricula. Combinación únicamente de números y única para cada alumno.

- Nombre. Para introducir por nombre(s) y apellidos.
  - Grado. Conformado por seis opciones de 1 a 6 representando cada grado de la institución.
  - Grupo. Conformado por tres opciones A, B, o C representando cada uno de los grupos que tiene cada grado.
  - Edad: Solo permite introducir la edad mediante números.
  - Dirección: El formato para introducir es libre, es decir se puede introducir calle y número, colonia, Municipio, Ciudad o solo alguno de estos.
  - Todos los campos son obligatorios.
  - Si se introduce algún dato de forma no valido de acuerdo a lo especificado anteriormente notificar dependiendo del dato incorrecto y no se permitirá hacer registro hasta hacer su corrección.
- Sección mostrar, en la cual se irán mostrando todos los registros ordenados en formato de tabla compartiendo el mismo orden que la sección de agregar, además tendrá dos botones para cada registro los cuales son:
  - Modificar: según corresponda los datos al botón seleccionado se mostrarán los datos del registro activos para poder hacer alguna modificación a cualquiera de sus campos, los cambios de cualquier dato estarán sujeto a las especificaciones del apartado de guardar.
  - Eliminar: permitirá eliminar por completo el registro al cual pertenezca el botón seleccionado.

La sección de buscar contara con un apartado mediante el cual se puedan realizar búsquedas especificas referente a todos los registros. Se mostrará una lista formada por los campos del apartado guardar según sea la elección se buscará la información ingresada en la categoría indicada. La información introducida no tiene que ser completa, es decir si se desea buscar a un alumno del cual solo se recuerda parte de matrícula se introduce y se mostraran todos los resultados que tengan alguna coincidencia. Al momento de mostrar todos los resultados se añade un botón extra el cual permitirá salir de la búsqueda y mostrar todos los resultados nuevamente.

Se realiza la estructura del formulario agregar, con las respectivas etiquetas HTML necesarias indicando el método de envió y la pagina a la cual se enviarán los datos. En este caso será a la misma ya que se pretende reforzar los conocimientos en PHP por ello aún no se incorporarán otras funcionalidades o herramientas, es decir se pretende que por el momento todas las especificaciones se realicen con PHP y más adelante se hablara de con cuales otras herramientas se pueden trabajar en conjunto y como se pueden incorporar para una mejor funcionalidad y diseño.

Por el momento se realizarán todas las funciones con PHP, con MySQL crearemos la base de datos que se incorporara y con HTML se desarrollarán las etiquetas necesarias para su funcionamiento.

conexion.php

```
<?php
//conexión con la base de datos PHP
 $con=mysqli_connect("localhost","root","","php") or die ("Error al
conectar a la bd ");

 ?>
```

formulario.php

Inicialmente se incluye el archivo de conexión con la base de datos o se puede agregar directamente las instrucciones necesarias para la conexión.

Al enviar los datos por el usuario estos se tienen que validar en base a las condiciones iniciales, de resultar algún dato invalido se mostrara el mensaje indicando el campo incorrecto pero para que el usuario no tenga que escribir nuevamente toda la información si no solo corregir el error indicado, inicialmente se evaluara con la función *isset()* si se ha recibido alguna información por parte del botón de nombre *'btn_guardar'* en este caso. de ser así se recibirán todos los datos asignándole una variable a cada uno y dentro de la etiqueta *value* de cada campo del formulario se agregara la condición con la función *isset()* indicando que si la variable ya está definida se imprima.

En caso de los campos de tipo *select* para mantener el valor enviado se evalúa además el valor de la variable respecto a cada opción seleccionando para mostrar la opción que coincida con el valor de la variable, y cuando no se encuentre definida la variable (se evalúa con la misma función anteponiendo !) se mostrara como predefinida la opción vacía.

```
<html>
<head>
<title>Control Alumnos</title>
<link rel="stylesheet" href="style.css">
</head>
<body>

<?php
//se incluye la conexión
include("conexion.php");
//si se presiona el botón guardar
if(isset($_POST['btn_guardar'])){
//se reciben los valores contenidos en el formulario
$Matricula=$_POST['Matricula'];
$Nombre=$_POST['Nombre'];
```

```php
$Grado=$_POST['Grado'];
$Grupo=$_POST['Grupo'];
$Edad=$_POST['Edad'];
$Direccion=$_POST['Direccion'];
}
?>
<!--se indica el método por el cual se enviaran los datos y la pagina a la
cual se enviaran-->
<form method="POST" action="formulario.php" id="guardar">
Matricula<br>
<!--si se evalúa que la variable $Matricula tiene algún valor anteriormente
enviado por el formulario se imprime-->
<input type="text" name="Matricula" value="<?php
if(isset($Matricula)) echo $Matricula?>"><br>
Nombre<br>
<!--si se evalúa que la variable $Nombre tiene algún valor anteriormente
enviado por el formulario se imprime-->
<input type="text" name="Nombre" value="<?php if(isset($Nombre))
echo $Nombre?>" ><br>
Grado<br>
<select name="Grado">
    <!--si se evalúa que la variable $Grado no tiene valor será esta opción la
predefinida al cargar el formulario-->
    <option <?php if(!isset($Grado)){ echo "selected"; }?>></option>
    <!--si se evalúa que la variable $Grado tiene un valor y es igual a 1 esta
opción será la predefinida-->
    <option <?php if(isset($Grado) && $Grado==1){ echo "selected";
}?>>1</option>
    <!--si se evalúa que la variable $Grado tiene un valor y es igual a 2 esta
opción será la predefinida-->
    <option <?php if(isset($Grado) && $Grado==2){ echo "selected";
}?>>2</option>
    <!--si se evalúa que la variable $Grado tiene un valor y es igual a 3 esta
opción será la predefinida-->
    <option <?php if(isset($Grado) && $Grado==3){ echo "selected";
}?>>3</option>
    <!--si se evalúa que la variable $Grado tiene un valor y es igual a 4 esta
opción será la predefinida-->
    <option <?php if(isset($Grado) && $Grado==4){ echo "selected";
}?>>4</option>
    <!--si se evalúa que la variable $Grado tiene un valor y es igual a 5 esta
opción será la predefinida-->
    <option <?php if(isset($Grado) && $Grado==5){ echo "selected";
}?>>5</option>
```

```php
<!--si se evalúa que la variable $Grado tiene un valor y es igual a 6 esta opción será la predefinida-->
   <option <?php if(isset($Grado) && $Grado==6){ echo "selected"; }?>>6</option>
</select><br>
Grupo<br>
<select name="Grupo">
        <!--si se evalúa que la variable $Grupo no tiene valor esta opción será la predefinida-->
        <option <?php if(!isset($Grupo)){ echo "selected"; }?>></option>
        <!--si se evalúa que la variable $Grupo tiene un valor y es igual a "A" esta opción será la predefinida-->
        <option <?php if(isset($Grupo) && $Grupo=="A"){ echo "selected"; }?>>A</option>
        <!--si se evalúa que la variable $Grupo tiene un valor y es igual a "B" esta opción será la predefinida-->
        <option <?php if(isset($Grupo) && $Grupo=="B"){ echo "selected"; }?>>B</option>
        <!--si se evalúa que la variable $Grupo tiene un valor y es igual a "C" esta opción será la predefinida-->
        <option <?php if(isset($Grupo) && $Grupo=="C"){ echo "selected"; }?>>C</option>
</select><br>
Edad<br>
<!--si se evalúa que la variable $Grupo tiene un valor se imprime en su valor predefinido-->
<input type="text" name="Edad" value="<?php if(isset($Edad)) echo $Edad?>"><br>
Direccion<br>
<!--si se evalúa que la variable $Grupo tiene un valor se imprime en su valor predefinido-->
<input type="text" name="Direccion" value="<?php if(isset($Direccion)) echo $Direccion?>"><br>
<br>
<!--Botón de nombre btn_guardar-->
<input type="submit" value="Guardar" name="btn_guardar">
</form>
```

Validar datos para nuevo registro

Estas instrucciones se van a realizar cuando el usuario envié los datos, donde igual que al principio del bloque se van a recibir los datos y a cada uno se le asignara el nombre de una variable para su futura manipulación.

Dentro de las condiciones para agregar un nuevo alumno se tiene que evaluar que no exista un alumno ya con la matricula que se le pretende asignar al alumno que se está ingresando. Para esto se hace una consulta con la base de datos, donde se buscará algún registro con el mismo valor de matrícula y este se le asigna a la variable $consulta posteriormente se condiciona que, si esta variable existe, es decir si tiene algún valor se muestra el mensaje indicando que la matricula ya está en uso.

Si no se recibe ninguna coincidencia, se evalúa si alguna de las variables está vacía y de ser así se manda el mensaje indicando que todos los campos son obligatorios, y si no se tiene ningún valor vacío se pasa a evaluar primeramente que la matricula ingresada solo este conformada por números con la negación de la función *is_numeric()* de no ser así se manda el mensaje correspondiente. Si la matricula tiene el formato correcto, se evalúa el campo edad si este también tiene el formato correcto se procederá a insertar los datos en la base de datos y finalmente redireccionando a la página nuevamente donde el formulario se mostrará vació ya que se insertaron los datos correctamente. De lo contrario está mostrando el mensaje correspondiente y actualizando el valor de *value* en cada caso.

Cabe mencionar que la validación se puede hacer aún más completa y con diferente estructura, es decir, si el usuario ingresa una matrícula en uso, la edad con letra y el campo dirección esta vació en lugar de solo mostrar el mensaje de "Matricula en uso" podría mostrar también el que indique que todos los campos son obligatorios y que el valor de la edad es incorrecto. De igual forma la estructura pueda cambiar es decir los *if* se pueden anidar de forma diferente, incluir más de una condición en uno o también cambiar los *if* por un *while* o tal vez por *swich* esto ya depende de la persona que esté desarrollando el código.

```php
<?php
//Bloque de código para agregar un nuevo alumno
//Si se presiona el botón de nombre guardar
if(isset($_POST['btn_guardar'])){
 //se reciben los valores ingresados en el formulario
 $Matricula=$_POST['Matricula'];
 $Nombre=$_POST['Nombre'];
 $Grado=$_POST['Grado'];
 $Grupo=$_POST['Grupo'];
 $Edad=$_POST['Edad'];
 $Direccion=$_POST['Direccion'];
```

```php
//se realiza una consulta para para saber si se tiene algún registro con la 
misma matricula que se está recibiendo
 $consulta= mysqli_fetch_array(mysqli_query($con,"SELECT * 
FROM alumnos WHERE Matricula='$Matricula'"));
 //si se encuentra alguna coincidencia
 if ($consulta) {
   echo "<strong>Matricula en uso</strong><br><br>";
 }
 //si no se encuentra alguna coincidencia en la consulta
 else{
  //se evalúa que ninguna de las variables este vacía
  if (!$Matricula||!$Nombre||!$Edad||!$Direccion||!$Grado||!$Grupo) {
    echo "<strong>Todos los campos son 
obligatorios</strong><br><br>";
  }
  else{
   //si el valor de $Matricula no es numérico
   if (!is_numeric($Matricula)) {
    echo "Valores de Matricula incorrectos";
   }
   else{
    //si es valor de $Edad no es numérico
    if (!is_numeric($Edad)) {
     echo "Valor de edad incorrecto";
    }
    else{
     //si todas las variables tienen valor valido
     //se insertan los valores en la tabla alumnos
     mysqli_query($con,"INSERT INTO alumnos 
(Matricula,Nombre,Grado,Grupo,Edad,Direccion) VALUES 
('$Matricula','$Nombre','$Grado', '$Grupo','$Edad','$Direccion')");
     //se redirecciona a la página nuevamente
     header("Location: formulario.php");
    }
   }
  }
 }
}
?>
```

Para el formulario de búsqueda se enviarán los datos a la misma página por el método
POST, mediante un campo *select* se van a mostrar las diferentes opciones por las cuales
se pueden buscar los datos.

Inicialmente se evalúa si está definida la variable del botón buscar de ser así, se mostrará un botón el cual actualizará la página y por ende mostrará todos los registros nuevamente.

Al momento de buscar se recibe el dato que se va a buscar y el campo dentro del cual se va a hacer la consulta. En este caso se utilizará *switch* para evaluar cada una de las posibilidades recibiendo como parámetro el valor de campo. Para el caso que corresponda se hará la consulta en su campo correspondiente, es decir, si el valor de campo es "Edad" la consulta en la base de datos será en los registros de edad y la búsqueda se puede realizar por datos incompletos con LIKE %%, es decir, si se ingresan solo tres dígitos de la matrícula se mostraran todos los registros que tengan alguna coincidencia.

Se crea un formulario para los datos encontrados ya que estos contendrán valores que se tendrán que enviar para otras instrucciones. De igual forma también se crea la estructura de una tabla para mostrar los resultados los cuales se estarán mostrando mediante un ciclo donde se estarán imprimiendo cada uno de los registros encontrados añadiendo el botón para modificar y eliminar a cada uno. El botón modificar tendrá el atributo *onclick* ya que en este caso se enviará a otra página diferente y se enviará el valor de la matricula mediante la *url* ya que en la página de modificar será necesaria. También se incluye un campo que no se mostrará para el usuario, pero será necesario para el bloque de eliminar.

```html
<!--Formulario para buscar-->
<form method="POST" action="formulario.php" id="buscar">
 Buscar por:
 <!--Seleccionar el campo donde se va a buscar-->
 <select name="campo">
  <option>Matricula</option>
  <option>Nombre</option>
  <option>Grado</option>
  <option>Grupo</option>
  <option>Edad</option>
  <option>Direccion</option>
 </select>
 <input type="text" name="palabra">
 <!--Botón de nombre buscar-->
 <input type="submit" value="Buscar" name="buscar">
</form>
<?php
//Bloque de código para mostrar todos los datos después de una búsqueda
//si se presiona el botón buscar
if(isset($_POST['buscar'])){
 ?>
```

```php
<!--se muestra un boton que cargara la página de nuevo para mostrar
todos los datos-->
 <input type="button" name="mod" value="Mostrar todos los registros"
onclick="location.href='formulario.php'"><br><br>
 <?php
}
//Bloque de código para buscar datos
//si se presiona el botón de nombre buscar
if(isset($_POST['buscar'])){
  //se reciben los valores del formulario
  $buscar=$_POST['palabra'];
  $campo=$_POST['campo'];
  //se evalúan las opciones de acuerdo al valor de la variable $campo
  switch($campo){
    //si el valor de $campo es igual a "Matricula"
    case "Matricula":
      //se busca alguna coincidencia del valor de $buscar con los datos de la
columna Matricula
      $consulta= mysqli_query($con,"SELECT * FROM alumnos
WHERE Matricula LIKE '%$buscar%'");
      break;
    //si el valor de $campo es igual a "Nombre"
    case "Nombre":
      //se busca alguna coincidencia del valor de $buscar con los datos de la
columna Nombre
      $consulta= mysqli_query($con,"SELECT * FROM alumnos
WHERE Nombre LIKE '%$buscar%'");
      break;
    //si el valor de $campo es igual a "Grado"
    case "Grado":
      //se busca alguna coincidencia del valor de $buscar con los datos de la
columna Grado
      $consulta= mysqli_query($con,"SELECT * FROM alumnos
WHERE Grado LIKE '%$buscar%'");
      break;
    //si el valor de $campo es igual a "Grupo"
    case "Grupo":
      //se busca alguna coincidencia del valor de $buscar con los datos de
la columna Grupo
      $consulta= mysqli_query($con,"SELECT * FROM alumnos
WHERE Grupo LIKE '%$buscar%'");
      break;
    //si el valor de $campo es igual a "Edad"
    case "Edad":
```

```php
    //se busca alguna coincidencia del valor de $buscar con los datos de la
columna Edad
    $consulta= mysqli_query($con,"SELECT * FROM alumnos
WHERE Edad LIKE '%$buscar%'");
    break;
    //si el valor de $campo es igual a "Direccion"
    case "Direccion":
    //se busca alguna coincidencia del valor de $buscar con los datos de la
columna Direccion
    $consulta= mysqli_query($con,"SELECT * FROM alumnos
WHERE Direccion LIKE '%$buscar%'");
    break;
 }
 ?>
 <!--se estructura el formulario que contendra los resultados de la
búsqueda-->
 <form method="POST" action="formulario.php">
 <table>
  <tr>
   <th>Matricula</th>
   <th>Nombre</th>
   <th>Grado</th>
   <th>Grupo</th>
   <th>Edad</th>
   <th>Direccion</th>
  </tr>
  <?php
 //mientras $mostrar arroje resultados
 while($mostrar=mysqli_fetch_array($consulta)){?>
 <tr>
 <!--se imprimen los resultados de la búsqueda-->
 <th><?php echo $mostrar['Matricula'];?></th>
 <th><?php echo $mostrar['Nombre'];?></th>
 <th><?php echo $mostrar['Grado'];?></th>
 <th><?php echo $mostrar['Grupo'];?></th>
 <th><?php echo $mostrar['Edad'];?></th>
 <th><?php echo $mostrar['Direccion'];?></th>
 <!--botón modificar, se enviaran el valor de la Matricula a la página
actualizar.php mediante la url-->
 <th><input type="button" name="mod" value="Modificar"
onclick="location.href='actualizar.php?Matricula=<?php echo
$mostrar['Matricula'];?>'"></th>
 <!--permite enviar el valor de la matrícula para si es necesario eliminar
el registro, no es visible para el usuario-->
```

```
    <th><input type="hidden" value="<?php echo
$mostrar['Matricula'];?>" name="Matricula"></th>
    <!--Botón eliminar-->
    <th><input type="submit" value="Eliminar"name="eliminar"
></th>
    </tr>
    <?php
    }?>
    </table></form>
<?php
}
```

Al igual que en las instrucciones pasadas se comienza por evaluar que la variable este
definida de ser así se recibe el valor de matrícula enviada por el campo oculto del
formulario correspondiente a los registros, en base a esta matricula que corresponderá
al valor del registro que se desea eliminar se indica la instrucción SQL para eliminar el
registro que tenga el mismo valor al de la matricula que se recibió como la matricula
es única solo borrara un registro.

```
//Bloque de código para eliminar un registro
//si se presiona el botón de eliminar
if (isset($_POST['eliminar'])) {
  //se recibe el valor de la Matricula
  $Matricula = $_POST['Matricula'];
  //sentencia para eliminar el registro cuando el valor de la Matricula
  recibido coincida con algún valor del campo Matricula
  mysqli_query($con,"DELETE        FROM        alumnos        WHERE
Matricula='$Matricula'");
  //redirecciona a la página formulario para que actualice y no muestre ya el
  registro eliminado
  header("Location:formulario.php");
  }
```

Inicialmente para mostrar todos los registros dentro de nuestra table de alumnos se
evalúa la negación del botón de buscar ya que estos se mostraran cuando este botón no
se haya definido aún al cargar la página, de ser así se hace la consulta de todos los datos
sin condición de nuestra tabla al igual que como se muestran los datos en el bloque de
buscar se mostraran aquí, pero ahora serán todos los registros; es decir, se define un
formulario para los datos que se tiene que enviar para la modificación o eliminación
del registro, se desarrolla la estructura de una tabla, la cual se ira llenando con el ciclo,
hasta mostrar todos los registros con sus respectivos botones de modificar y eliminar
al igual que el campo oculto con el valor de la matrícula.

```php
//Bloque de código que muestra todos los datos inicialmente
//si no se presiona el botón de buscar
if(!isset($_POST['buscar'])){
  //se realiza la consulta con todos los datos de la tabla
  $consulta=mysqli_query($con,"SELECT * FROM alumnos");
  ?>
  <!--se crea estructura de formulario para envió de datos en botones-->
  <form method="POST" action="formulario.php">
  <table>
   <tr>
    <th>Matricula</th>
    <th>Nombre</th>
    <th>Grado</th>
    <th>Grupo</th>
    <th>Edad</th>
    <th>Direccion</th>
   </tr>
   <?php
   //mientras $mostrar arroje resultados
   while($mostrar=mysqli_fetch_array($consulta)){?>
   <tr>
   <!--se imprimen los datos de la búsqueda-->
    <th><?php echo $mostrar['Matricula'];?></th>
    <th><?php echo $mostrar['Nombre'];?></th>
    <th><?php echo $mostrar['Grado'];?></th>
    <th><?php echo $mostrar['Grupo'];?></th>
    <th><?php echo $mostrar['Edad'];?></th>
    <th><?php echo $mostrar['Direccion'];?></th>
    <!--botón modificar, se enviaran el valor de la Matricula a la página
actualizar.php mediante la url-->
    <th><input type="button" name="mod" value="Modificar"
onclick="location.href='actualizar.php?Matricula=<?php echo
$mostrar['Matricula'];?>'"></th>
    <!--permite enviar el valor de la Matrícula para si es necesario
eliminar el registro, no es visible para el usuario-->
    <th><input type="hidden" value="<?php echo
$mostrar['Matricula'];?>" name="Matricula"></th>
    <!--Botón eliminar-->
    <th><input type="submit" value="Eliminar"name="eliminar"
></th>
   </tr>
   <?php
   }
   ?>
```

```
   </table>
   </form>
  <?php
  }
?>
</body>
</html>
```

Actualizar.php

inicialmente se incluye la conexión con la base de datos. Al momento de solicitar la
actualización del registro se envió la matrícula, la cual se recibe con GET ya que fue
enviada mediante la url, esta se utilizará para hacer una consulta con la base de datos e
identificar el registro al cual se van a hacer las modificaciones así mismo como para
rescatar los datos completos del registro los cuales se van a imprimir en un formulario
con la misma estructura que el de guardar de la página formulario.php dentro del
atributo *value* para poder modificar lo que se desee.

Para la modificación a diferencia del formulario de guardar, se tiene que agregar en la
condición de cada campo y en las opciones de los *select* la cual evalúa si se ha definido
la variable del botón guardar se mostrara la información enviada pero modificada y si
aún no está definida se mostrara la información de la consulta. Para poder imprimir los
datos si se cumple la condición es necesario indicar en el formulario que se enviaran a
la misma página por el método *POST* y recibirlos al inicio del código con su respectiva
condición.

A los campos del formulario se anexará uno de tipo no visible para el usuario ya que
este no se puede modificar pues contendrá el valor de la matricula recibido el cual será
necesario para condicionar la modificación con la base de datos. Esto es necesario ya
que se permitirá la modificación también de la matrícula.

```
<html>
<head>
 <title>Actualizar</title>
 <link rel="stylesheet" type="text/css" href="style.css">
</head>
<body>
<?php
//se incluye el archivo de conexión
include("conexion.php");

if(isset($_POST['btn_guardar'])){
    //se reciben los datos del formulario
    $Matriculap = $_POST['Matriculap'];
```

```php
      $Matricula=$_POST['Matriculan'];
      $Nombre=$_POST['Nombre'];
      $Grado=$_POST['Grado'];
      $Grupo=$_POST['Grupo'];
      $Edad=$_POST['Edad'];
      $Direccion=$_POST['Direccion'];
}
else{
        //se recibe el valor de la Matricula
      $Matriculap = $_GET['Matricula'];
      //se realiza una consulta para mostrar los datos del registro que coincida
con el valor de la Matricula recibida
$consulta= mysqli_fetch_array(mysqli_query($con,"SELECT * FROM
alumnos WHERE Matricula='$Matriculap'"));
}
?>
<!--estructura de formulario igual al de guardar para mostrar datos encontrados--
>
<form method="POST" action="actualizar.php?Matricula=<?php echo
$Matriculap;?>" id="guardar"><br>
Matricula:<br>
<!--se imprimen el valor de Matricula encontrado-->
<input type="text" name="Matriculan" value="<?php
if(isset($_POST['btn_guardar'])){echo $Matricula;}else{echo
$consulta['Matricula'];}?>"><br>
Nombre:<br>
<!--se imprimen el valor de Nombre encontrado-->
<input type="text" name="Nombre" value="<?php
if(isset($_POST['btn_guardar'])){echo $Nombre;}else{echo
$consulta['Nombre'];}?>"><br>
Grado:<br>
<!--se selecciona la opción que coindice con el valor de Grado encontrado-->
<select name="Grado">
        <option <?php if(isset($_POST['btn_guardar']) && $Grado==1){echo
"selected";}elseif(!isset($_POST['btn_guardar'])&&$consulta['Grado']==1){
echo "selected"; }?>>1</option>
        <option <?php if(isset($_POST['btn_guardar']) && $Grado==2){echo
"selected";}elseif(!isset($_POST['btn_guardar'])&&$consulta['Grado']==2){
echo "selected"; }?>>2</option>
        <option <?php if(isset($_POST['btn_guardar']) && $Grado==3){echo
"selected";}elseif(!isset($_POST['btn_guardar'])&&$consulta['Grado']==3){
echo "selected"; }?>>3</option>
```

```php
        <option <?php if(isset($_POST['btn_guardar']) && $Grado==4){echo
"selected";}elseif(!isset($_POST['btn_guardar'])&&$consulta['Grado']==4){
echo "selected"; }?>>4</option>
        <option <?php if(isset($_POST['btn_guardar']) && $Grado==5){echo
"selected";}elseif(!isset($_POST['btn_guardar'])&&$consulta['Grado']==5){
echo "selected"; }?>>5</option>
        <option <?php if(isset($_POST['btn_guardar']) && $Grado==6){echo
"selected";}elseif(!isset($_POST['btn_guardar'])&&$consulta['Grado']==6){
echo "selected"; }?>>6</option>
</select><br>
Grupo:<br>
<!-- se selecciona la opción que coindice con el valor de Grupo encontrado-->
<select name="Grupo">
        <option <?php if(isset($_POST['btn_guardar']) &&
$Grupo=="A"){echo
"selected";}elseif(!isset($_POST['btn_guardar'])&&$consulta['Grupo']=="A"
){ echo "selected"; }?>>A</option>
        <option <?php if(isset($_POST['btn_guardar']) &&
$Grupo=="B"){echo
"selected";}elseif(!isset($_POST['btn_guardar'])&&$consulta['Grupo']=="B"
){ echo "selected"; }?>>B</option>
        <option <?php if(isset($_POST['btn_guardar']) &&
$Grupo=="C"){echo
"selected";}elseif(!isset($_POST['btn_guardar'])&&$consulta['Grupo']=="C"
){ echo "selected"; }?>>C</option>
</select><br>
Edad:<br>
<!--se imprimen el valor de Edad encontrado-->
<input type="text" name="Edad" value="<?php
if(isset($_POST['btn_guardar'])){echo $Edad;}else{echo
$consulta['Edad'];}?>" ><br>
Direccion:<br>
<!--se imprimen el valor de Direccion encontrado-->
<input type="text" name="Direccion" value="<?php
if(isset($_POST['btn_guardar'])){echo $Direccion;}else{echo
$consulta['Direccion'];}?>" ><br>
<br>
<!--se almacena el valor de la matricula original para hacer la consulta en caso de
que se modifique-->
<input type="hidden" name="Matriculap" value="<?php
if(isset($_POST['btn_guardar'])){echo $Matriculap;}else{echo
$consulta['Matricula'];}?>">
<!--Boton de nombre btn_guardar-->
<input type="submit" value="Guardar" name="btn_guardar">
```

</form>

Al momento de hacer la modificación de los datos se harán las mismas validaciones que al guardar un nuevo registro solo que en este caso en la primera validación además de validar si existe una coincidencia al momento de realizar la consulta se tiene que validar que sea diferente al valor recibido inicial para saber que se trata de un registro diferente a con el cual se está trabajando.

La modificación en la sentencia SQL se hará igualando el valor de la matrícula inicialmente recibida que se envió a través del campo oculto del formulario. Al finalizar la modificación se redirecciona a la página de formulario donde se mostrará el registro ya modificado.

```php
<?php
//bloque de código para modificar
//si se presiona el botón de guardar
if(isset($_POST['btn_guardar'])){
        //se reciben los datos del formulario
        $Matriculap = $_POST['Matriculap'];
        $Matricula=$_POST['Matriculan'];
        $Nombre=$_POST['Nombre'];
        $Grado=$_POST['Grado'];
        $Grupo=$_POST['Grupo'];
        $Edad=$_POST['Edad'];
        $Direccion=$_POST['Direccion'];

        //se realiza una consulta para para saber si se tiene algún registro
con el mismo valor de la Matricula que se está actualizando
        $consulta= mysqli_fetch_array(mysqli_query($con,"SELECT *
FROM alumnos WHERE Matricula='$Matricula'"));
        //si se encuentra alguna coincidencia
        if ($consulta&&$Matriculap!=$Matricula) {
        echo "<strong>Matricula en uso</strong><br><br>";
        }
        //si no se encuentra alguna coincidencia en la consulta
        else{
    //se evalua que ninguna de las variables se modifique por algún valor
vació
    if (!$Matricula||!$Nombre||!$Edad||!$Direccion||!$Grado||!$Grupo) {
      echo "<strong>Todos los campos son
obligatorios</strong><br><br>";
    }
    else{
      //si el valor de $Matricula actualizado no es numérico
```

```php
    if (!is_numeric($Matricula)) {
      echo "Valores de Matricula incorrectos";
    }
    else{
      //si es valor de $Edad actualizado no es numérico
      if (!is_numeric($Edad)) {
        echo "valor de edad incorrecta";
      }
      else{
        //si todas las variables tienen valor valido
        //modificación donde los datos de los campos cuando la Matricula
registrada en la base de datos y la Matricula originalmente recibida sean
igual
            mysqli_query($con,"UPDATE alumnos Set
Matricula='$Matricula', Nombre='$Nombre', Grado='$Grado',
Grupo='$Grupo', Edad='$Edad', Direccion='$Direccion' WHERE
Matricula='$Matriculap'");
            //se redirecciona a la página formulario
            header("Location:formulario.php");
      }
     }
    }
   }
}
?>
</body>
</html>
```

stylo.css

```css
input{
   width: 50%;
   border-radius: 6px;
   border-style: none;
   height: 25px;
   margin-bottom: 10px;
}
select{
   border-radius: 6px;
   border-style: none;
   height: 25px;
   margin-bottom: 10px;
}
```

```css
input[type="submit"],input[type="button"]{
   background: red;
   color: white;


}
input[value="Buscar"]{
   width: auto;
}
body{
    background: antiquewhite;
}
#guardar{
   width: 25%;
   border-radius: 20px;
   text-align: center;
   margin: 0 auto;
   background: tan;
   padding: 10px;
}
#buscar{
   margin-top: 40px;
   width: 33%;
}
tr{
   background: tan;
}
table{
   border-style: solid;
   width: 80%;
}
```

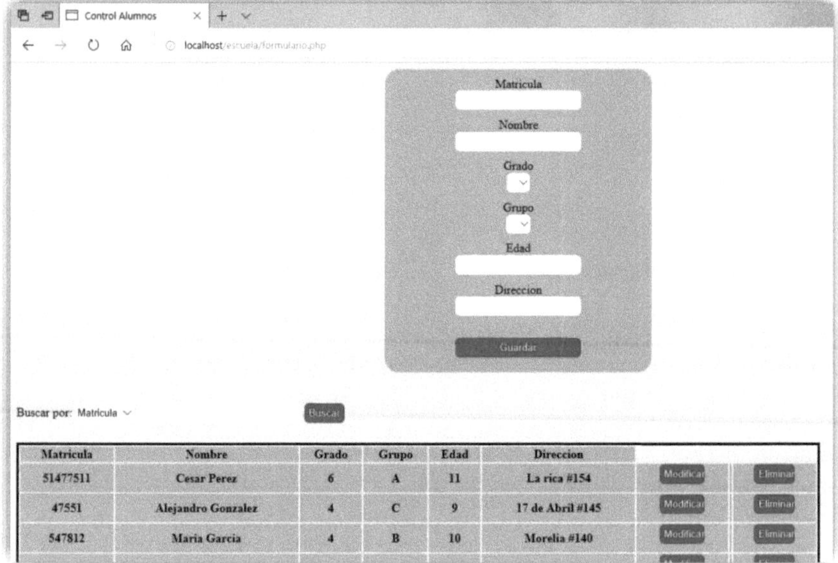

Figura 55. Página Control Alumnos.

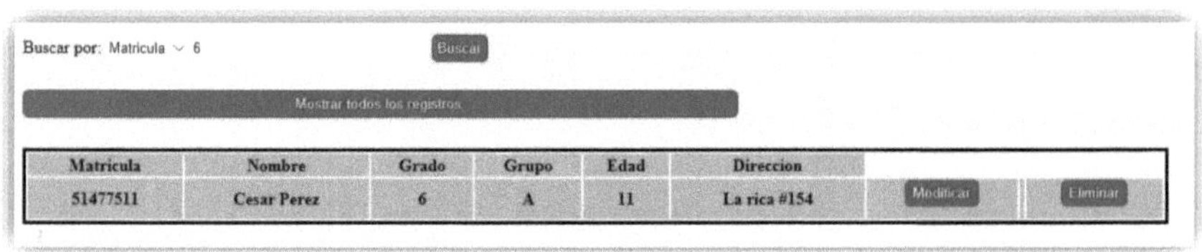

Figura 56. Búsqueda alumnos de edad 6 años

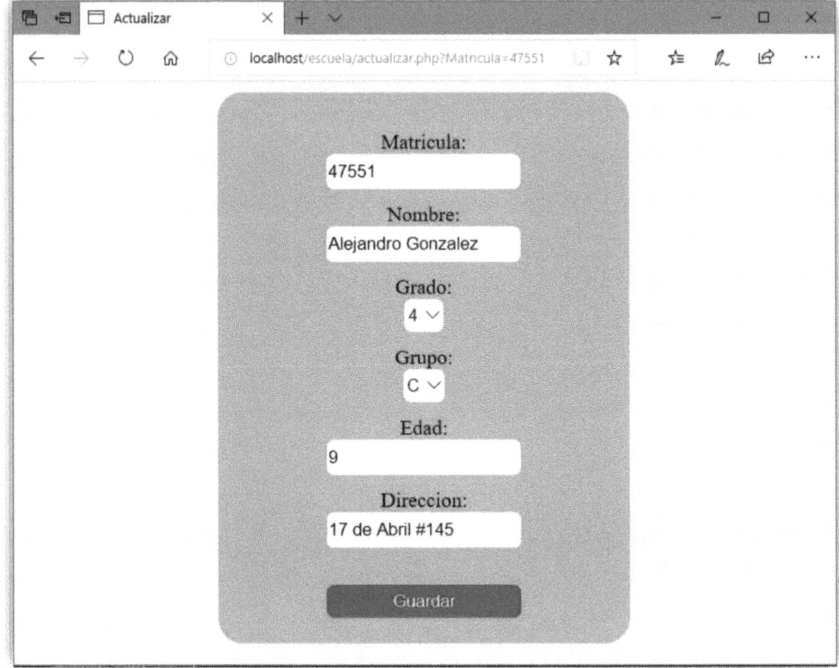

Figura 57. Modificación de alumno con matrícula 78457.

3.4.3 Ejemplo de Login

Estructura de Login.

- Campo de usuario y contraseña.
- Sección para restablecer contraseña
  - Se solicitará el nombre se usuario al cual se cambiará la contraseña
  - Se solicita el ingreso de la nueva contraseña dos veces para confirmar.
- Sección para registro
  - Campo usuario
    - Todos los nombres de usuario deben ser distintos.
  - Campo contraseña
    - La contraseña debe estar conformada mínimo por 8 caracteres
  - Campo confirmar contraseña
    - El valor del campo contraseña debe coincidir con el valor del campo confirmar contraseña
  - Campo correo

- El correo debe ser diferente para cada usuario y se tiene que validar que sea el formato de correo
- Todos los campos deben estar correctamente llenados.

conexion.php

```php
<?php
//conexión con la base de datos php
 $con=mysqli_connect("localhost","root","","php") or die ("Error al 
conectar a la bd ");

 ?>
```

index.php

```php
<html>
<head>
<title>Login</title>
<link rel="stylesheet" href="style.css">
</head>
<body>

<?php
//se incluye el archivo de conexión con la base de datos
include("conexion.php");

//se ejecutan las acciones del if si se presiona el botón de nombre guardar
      if (isset($_POST['guardar'])) {

            //la variable $usuario sera igual al valor insertado en el 
formulario el cual se recibe a través del método POST
            $usuario = $_POST['usuario'];
            $pass = $_POST['password'];
}
//etiqueta final php
?>
<!--inicio código html-->
<!--se indica el método por el cual se enviaran los datos en este caso serán 
por POST y a la página donde se enviaran los datos-->
<form method="POST" action="index.php"><br>
Usuario<br>
<!--Si la variable $usuario tiene algún valor se va a imprimir como el valor 
actual del input-->
<input type="text" name="usuario" value="<?php if(isset($usuario)) 
echo $usuario?>"><br>
<br>
Contraseña<br>
<!--Si la variable $pass tiene algún valor se va a imprimir como el valor 
actual del input-->
```

```php
<input type="password" name="password" value="<?php
if(isset($pass)) echo $pass?>"><br>
<br>
<!--botón guardar-->
<input type="submit" value="Entrar" name="guardar"><br><br>

<?php
//se ejecutan las acciones del if si se presiona el botón de nombre guardar
if (isset($_POST['guardar'])) {

    //se ejecuta una consulta donde se busca que el valor recibido de la
variable nombre coincida con alguno de la tabla indicada
    $consulta= mysqli_fetch_array(mysqli_query($con,"SELECT *
FROM registro WHERE usuario='$usuario'"));

    //si la variable $usuario esta vacía se ejecuta la instrucción del if
    if(empty($usuario)){
        echo "Ingrese Usuario";
    }

    //si no se cumple el if anterior se valora si la variable consulta arrojo
alguna coincidencia
    elseif($consulta){

        //si el valor de la consulta de password coincide con el valor de
la variable pass ingresado por el usuario
        if($consulta['password'] == $pass){

            //se inicia sesión
            session_start();
            //se crea una variable de sesión
            $_SESSION['usuario'] = $usuario;
            //al momento de iniciar la sesión se redirecciona a la
página de inicio
            header("Location: inicio.php");
        }
        //si el valor de la variable $pass introducido por el usuario y el
valor de password que se tiene en la base de datos
        else{
            //si el valor de $pass es vació
            if (empty($pass)) {
                echo "Ingrese Contraseña";
            }
            //si el valor no es vació, pero no coinciden
```

```php
                else{
                        echo "Contraseña incorrecta";
                        }
                }
        }
        //si la consulta no arrojo ninguna coincidencia
        else{
                echo "Usuario incorrecto";
        }
}
?>
<br><br>
¿No recuerdas tu contraseña?<br>
<!--botón olvide-->
<input type="submit" name="olvide"
value="Restrablecer"><br><br>

<?php

//si se presiona el valor de olvide
if (isset($_POST['olvide'])) {
?>
<!--se creara un nuevo formulario para restablecer la contraseña-->
<form method="POST" action="index.php"><br>
Usuario:<br>
<input type="text" name="usuario" ><br>
<br>
Contraseña nueva:<br>
<input type="password" name="password" ><br>
<br>
Confirmar contraseña:<br>
<input type="password" name="password2" ><br>
<br>
<!--botón modificar-->
<input type="submit" name="modificar" ><br>
<br>
</from>

<?php
}
//si se presiona el botón modificar
if (isset($_POST['modificar'])) {

        //se reciben el valor del usuario al cual se cambiará la contraseña
```

```php
        $usuario = $_POST['usuario'];
        //nuevos valores de contraseña
        $pass = $_POST['password'];
        $pass2 = $_POST['password2'];

        //se valida que los dos valores de contraseña coincidan
        if($pass==$pass2){

                //se modifica el valor de password con el valor recibido
                mysqli_query($con,"UPDATE registro Set
password='$pass' WHERE usuario='$usuario'");
                //se manda un mensaje de que la acción se realizó con éxito
                echo "$usuario tu contraseña ha cambiado<br><br>";
        }
        //si no coindicen los valores se manda un mensaje y no se modifican
los valores
        else{
                echo "Contraseñas no coinciden";
        }
}
?>
¿Aun no estas registrado?
<!--link que redirecciona a página de registro-->
<a href="registro.php">Registrar</a><br>
</form>
</body>
</html>
```

inicio.php

```php
<html>
<head>
        <title>Inicio</title>
</head>
<body>

<?php
//se inicia sesión
session_start();

//se recibe la variable de sesión
$sesion=$_SESSION['usuario'];

//si la variable $sesion no tiene valor
```

```php
if (!$sesion) {
	//se redirecciona a index
	header("Location:index.php");
	//no se realiza ninguna otra acción
	die();
}
// si la variable tiene algún valor se inició sesión correctamente
echo "Hola $sesion";
/*

código que mostrara el contenido al cual se puede tener acceso

solo si se inicia sesión

*/

?>
<!--redirecciona al archivo cerrar-->
<a href="cerrar.php">Cerrar sesión</a>
</body>
</html>
```

cerrar.php

```php
<?php
//se inicia la sesión
session_start();
//se destruye la sesión
session_destroy();
//se redirecciona a la página index
header("Location:index.php");
?>
```

registro.php

```php
<html>
<head>
<title>Registro</title>
<link rel="stylesheet" href="style.css">
</head>
<body>
<?php

//se incluye la conexión
include("conexion.php");

//si se activa el botón guardar
if(isset($_POST['btn_guardar'])){

//se reciben las variables
$usuario=$_POST['usuario'];
$pass=$_POST['password'];
$pass2=$_POST['password2'];
$correo=$_POST['correo'];
}
?>
 <!--se indica el método por el cual se enviaran los datos la pagina-->
<form method="POST" action="registro.php"><br>
Usuario<br>
<!--Si la variable $usuario tiene algún valor se va a imprimir como el valor
actual del input-->
<input type="text" name="usuario" value="<?php if(isset($usuario))
echo $usuario?>" ><br>
<br>
Contraseña<br>
<!--Si la variable $pass tiene algún valor se va a imprimir como el valor
actual del input-->
```

```php
<input type="password" name="password" value="<?php
if(isset($pass)) echo $pass?>"><br>
<br>
Confirmar contraseña<br>
<!--Si la variable $pass2 tiene algún valor se va a imprimir como el valor
actual del input-->
<input type="password" name="password2" value="<?php
if(isset($pass2)) echo $pass2?>" <br><br>
Correo<br>
<!--Si la variable $correo tiene algún valor se va a imprimir como el valor
actual del input-->
<input type="text" name="correo" value="<?php if(isset($correo))
echo $correo?>"><br>
<br>
<!--botón guardar-->
<input type="submit" value="Guardar" name="btn_guardar">
</form>

<?php
//si se activa el botón guardar
if(isset($_POST['btn_guardar'])){

//consulta a la tabla registro para saber si el valor de $usuario coindice con
algún valor de la tabla
$consulta= mysqli_fetch_array(mysqli_query($con,"SELECT * FROM
registro WHERE usuario='$usuario'"));
//consulta a la tabla registro para saber si el valor de $correo coindice con
algún valor de la tabla
$consulta2= mysqli_fetch_array(mysqli_query($con,"SELECT *
FROM registro WHERE correo='$correo'"));


//validación de datos para registro

//si la variable $usuario, $pass o $correo esta vacía
if (empty($usuario)||empty($pass)||empty($correo)) {
        echo "Todos los campos son obligatorios<br>";
}
//si la consulta arrojo alguna coincidencia
if ($consulta) {
        echo "El usuario $usuario ya existe<br>";
}
//si la variable $pass tiene menos de 8 caracteres
if (strlen($pass)<8) {
```

```php
        echo "Contraseña invalida debe contener minimo 8 
caracteres<br>";
}
//si las variables $pass y $pass2 no son iguales y son mayores de 7 
caracteres
if ($pass!=$pass2 && strlen($pass)>=8) {
    echo "Las contraseñas no coinciden<br>";
}
//si la variable $correo no tiene el formato de correo o si la consulta 2 
arrojo alguna coincidencia
if (!filter_var($correo, FILTER_VALIDATE_EMAIL) || $consulta2 ){
        //si la consulta 2 arrojo algún resultado
        if ($consulta2) {
            echo "Correo invalido ya esta en uso";
        }
        //si la variable $correo no tiene el formato de correo
        else{
            echo "Correo invalido<br>";
        }
}
//si $correo tiene el formato de correo, si $pass y $pass2 son iguales y 
tienen más de 7 caracteres, si la consulta 1 y 2 no arrojaron coincidencias 
se insertarán los valores de las variables que introdujo el usuario
if(filter_var($correo, FILTER_VALIDATE_EMAIL)&& 
$pass==$pass2 && strlen($pass)>=8 && 
!$consulta&&!empty($usuario)&& !$consulta2){
    //inserta los valores
    mysqli_query($con,"INSERT INTO 
registro(usuario,password,correo) VALUES 
('$usuario','$pass','$correo')");
    //redirecciona a la página index
    header("Location: index.php");
}
}
?>
</body>
</html>
```

stylo.css

```css
input{
   width: 50%;
   border-radius: 6px;
   border-style: none;
```

```css
    height: 25px;
}

input[type="submit"]{
    background: red;
    color: white;
    margin: 10px;
}
body{
        background: antiquewhite;
}
form{
    width: 25%;
    border: solid;
    text-align: center;
    margin: 0 auto;
    background: turquoise;
    padding: 10px;
}
```

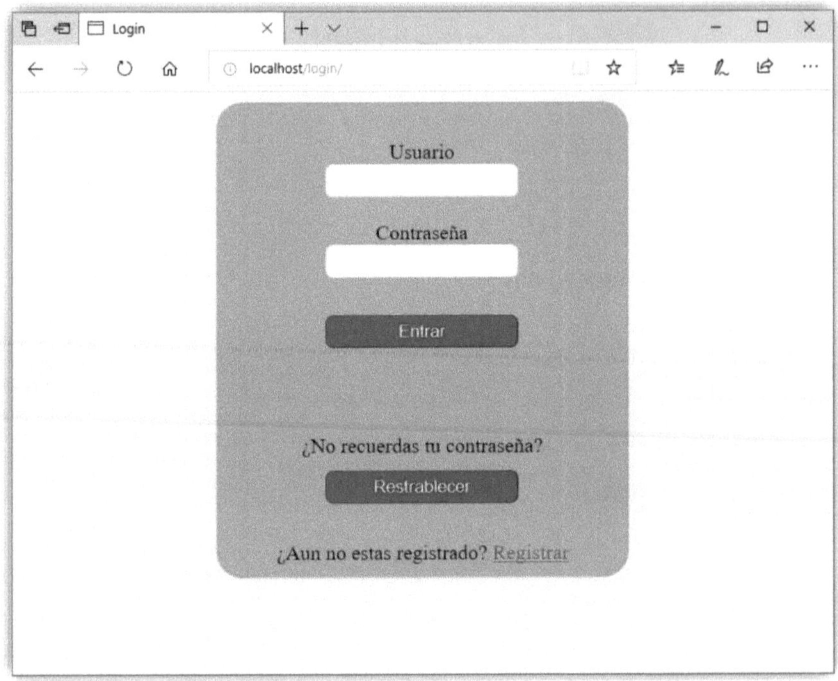

Figura 58. Login

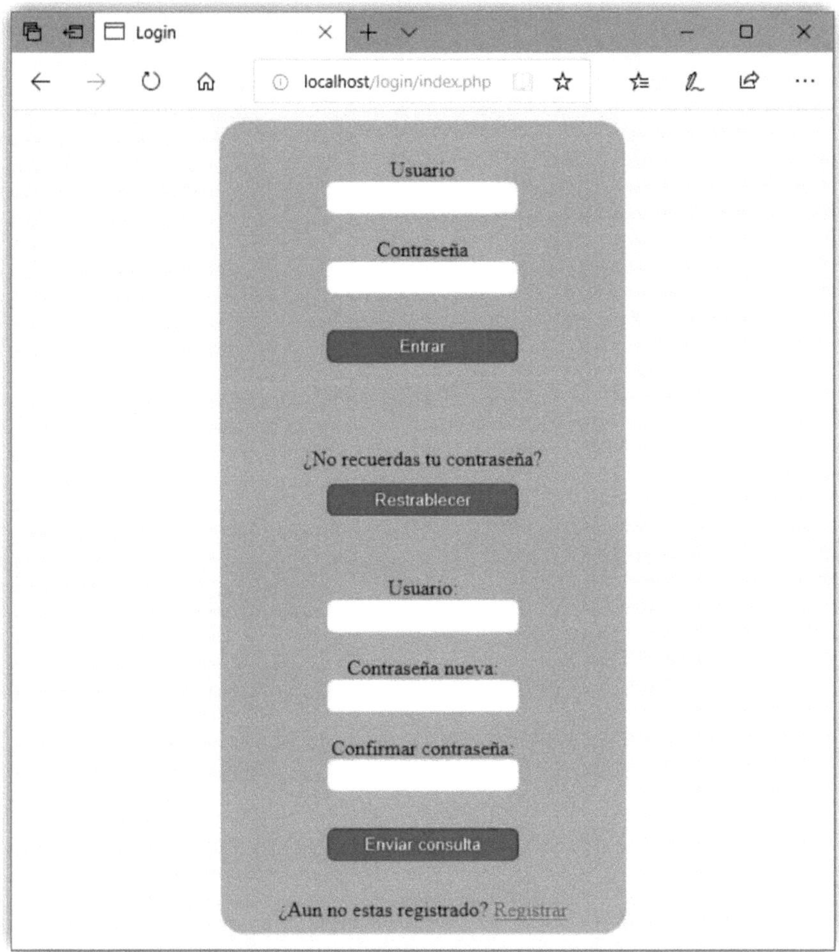

Figura 59. Restablecer contraseña

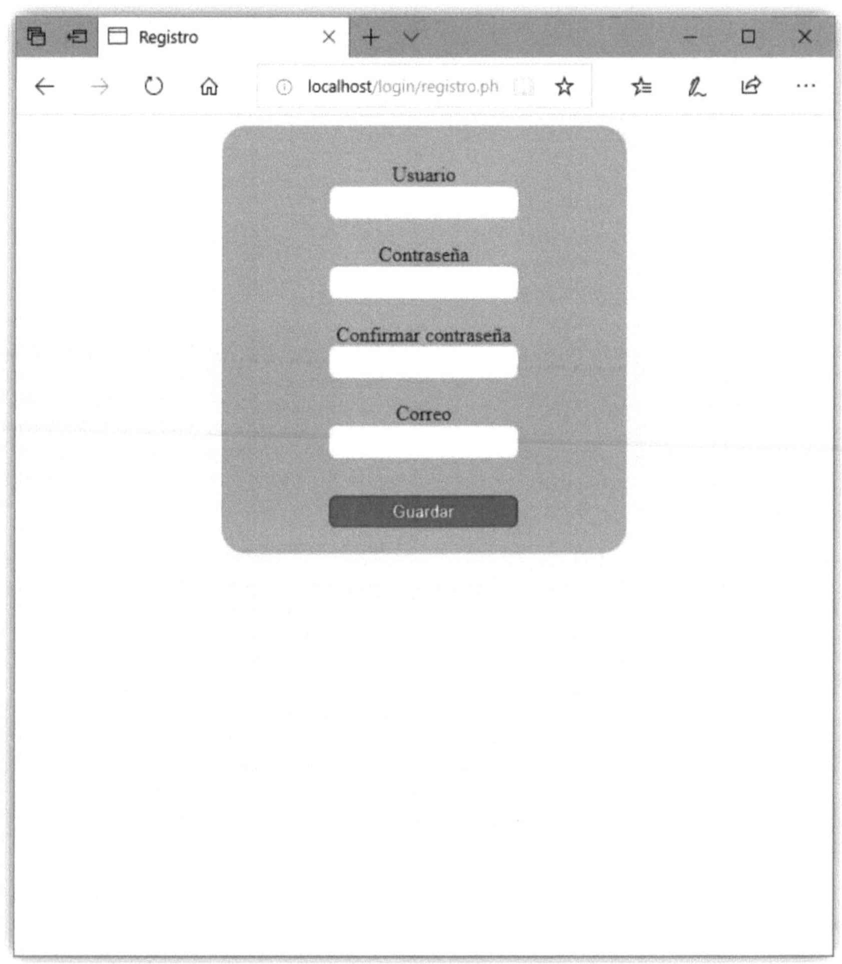

Figura 60. Página de registro

Tanto el ejemplo del formulario para el control de Alumnos como el Login son aplicaciones web que se pueden solicitar en el ámbito laboral para ser implementados en sitios web claro con más tecnologías y requerimientos. Con estos ejemplos solo se pretende mostrar algo de lo que se puede hacer con PHP y MySQL, y los conocimientos que se adquirieron en los primeros capítulos de cada uno de estos. Cabe mencionar que PHP es una de las principales herramientas utilizadas para el desarrollo web y además de recopilar datos de formularios se pueden generar sitios web dinámicos, enviar y recibir cookies, galerías, foros, etc.

3.5 Frameworks de PHP

Es un esquema para el desarrollo de aplicaciones, se puede considerar como una estructura de software incompleta configurable y personalizable o como un conjunto de archivos que incluyen varias funciones básicas para el desarrollo de una aplicación.

Ya no es tan usual desarrollar una aplicación desde 0 ya que con la aparición de los frameworks esta tarea se puede agilizar pues se encargan de ayudar al desarrollo brindando una arquitectura optima, herramientas y funcionalidades que ahorran mucho trabajo, ayuda a tener buenas prácticas, a mejor la capacidad de respuesta de los sitios web y proporciona librerías muy útiles.

Actualmente para un desarrollo profesional y amplio se utilizan frameworks ya que se puede decir que es relativamente sencillo trabajar con ellos a comparación de realizar la aplicación desde 0. Desarrollando así una aplicación compleja, segura y completa ahorrando mucho tiempo en el desarrollo

Frameworks como laravel, phalcon, CodeIgniter, Symfony, son los más utilizados para desarrollar una aplicación con PHP. Actualmente el que encabeza la lista por más utilizado y popular es laravel.

3.5.1 Laravel

Es el framework más buscado en la actualidad para proyectos PHP. diseñado para crear aplicaciones web de una forma rápida basándose en la arquitectura MVC. Se distingue por su excelente sintaxis la cual no resulta difícil de entender. permite omitir una gran cantidad de elementos básicos gracias a sus múltiples funciones. sin dejar de mencionar que su núcleo es bastante solido en cuanto a rendimiento y se puede ampliar al utilizar extensiones.

3.5.1.1 Instalación

Paso 1. Primeramente, se instalará composer el manejador de dependencias para PHP. Se entra a la página oficial en la opción *download* y comienza a descargarse el ejecutable.

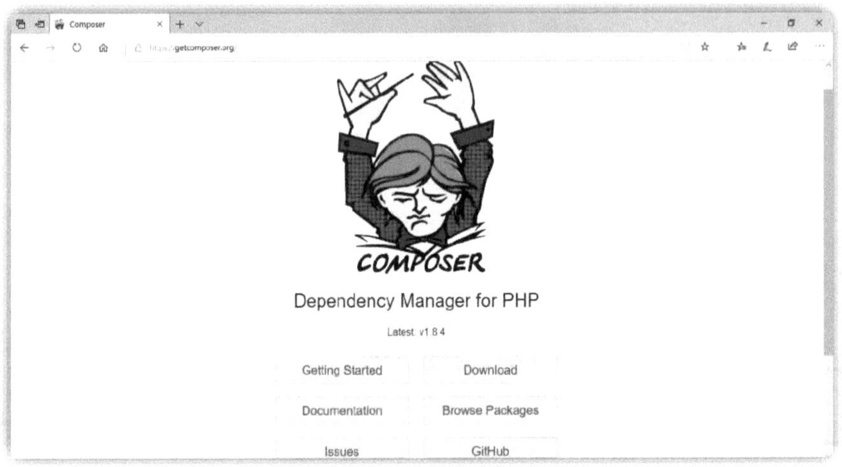

Figura 61. Sitio oficial composer.

Paso 2. Al ejecutarse el instalable se inicia el asistente de instalación de composer. Donde se da siguiente hasta finalizar sin hacer ningún cambio

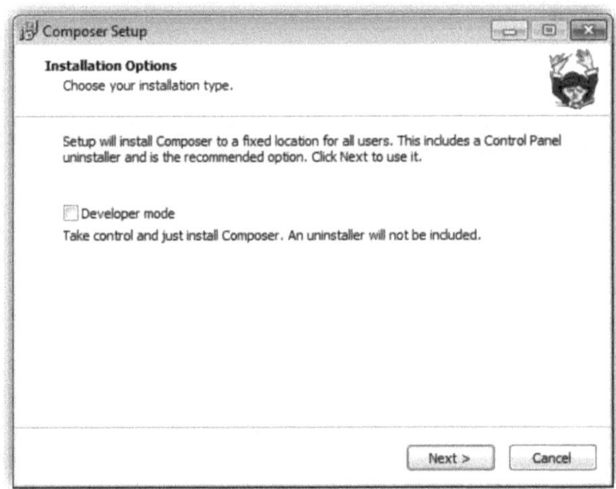

Figura 62. Asistente de instalación de composer.

Paso 3. Para comprobar su correcta instalación se puede acceder desde el símbolo del sistema y escribir la palabra composer, a continuación, se mostrarán todos los comandos de composer.

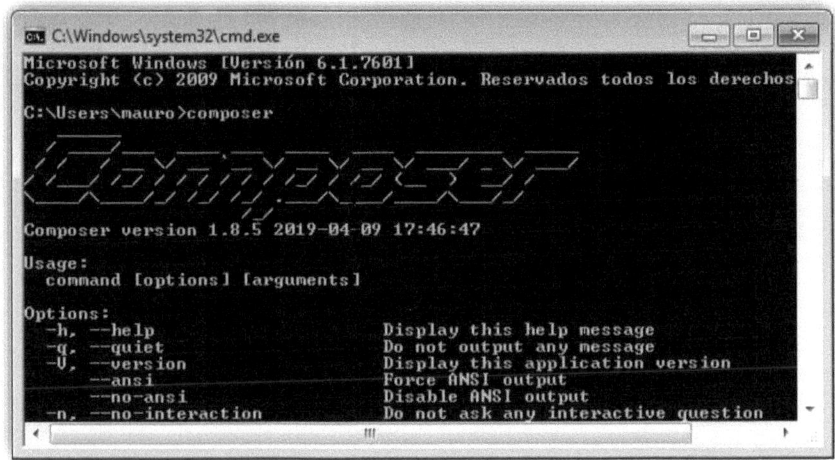

Figura 63. Comandos de composer

Paso 4. Se procede a instalar Laravel, para esto dentro del símbolo del sistema se ingresa a la ruta del servidor local donde será creado el nuevo proyecto de laravel. En este caso es cd C:\wamp64\www

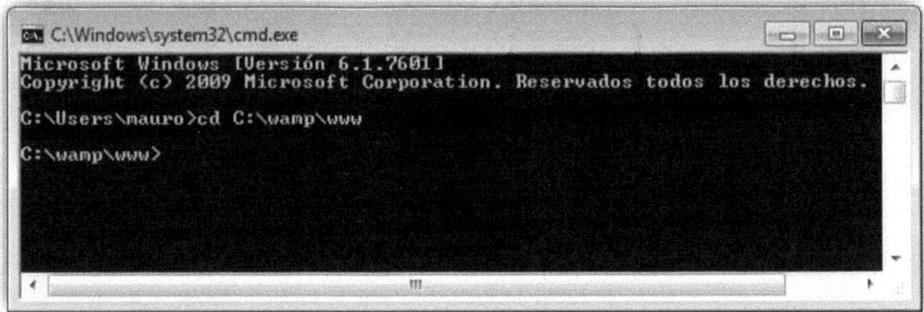

Figura 64. Ruta servidor local.

Paso 5. En el sitio oficial de laravel en la opción de documentación se encuentran los requerimientos necesarios para su instalación y la sentencia para la instalación composer create-project --prefer-dist laravel/laravel nombreProyecto esta se ingresa en el símbolo del sistema y se indica el nombre que se le asignara.

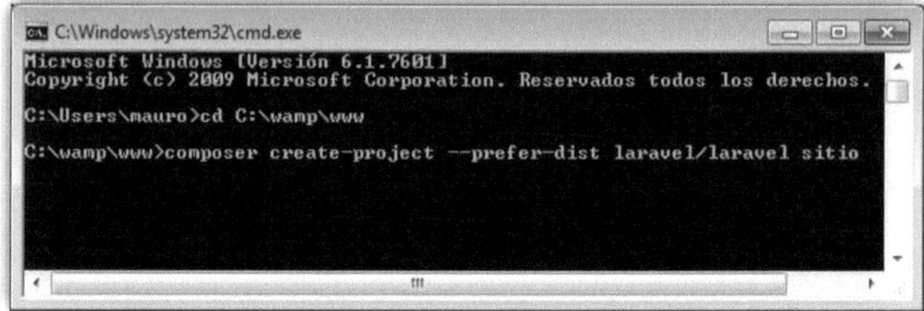

Figura 65. instrucción para instalación de laravel.

Paso 6. Comenzará con el proceso de instalación

```
and queue drivers (~1.0).)
laravel/framework suggests installing pusher/pusher-php-server (Required to use the
Pusher broadcast driver (~2.0).)
laravel/framework suggests installing symfony/dom-crawler (Required to use most of t
he crawler integration testing tools (~3.2).)
laravel/framework suggests installing symfony/psr-http-message-bridge (Required to p
sr7 bridging features (0.2.*).)
sebastian/global-state suggests installing ext-uopz (*)
phpunit/php-code-coverage suggests installing ext-xdebug (^2.5.1)
phpunit/phpunit suggests installing phpunit/php-invoker (~1.1)
phpunit/phpunit suggests installing ext-xdebug (*)
Package phpunit/phpunit-mock-objects is abandoned, you should avoid using it. No rep
lacement was suggested.
Writing lock file
Generating optimized autoload files
> Illuminate\Foundation\ComposerScripts::postUpdate
> php artisan optimize
Generating optimized class loader
The compiled services file has been removed.
> php artisan key:generate
Application key [base64:/9bTQyK58MU8dZqORmjItc/IPd48RPJNzqwE3Lm3Obk=] set successful
ly.

C:\wamp64\www>
```

Figura 66. Proceso de instalación de laravel

Paso 7. Dentro del directorio del servidor local se localiza ya una carpeta con el nombre que se le asigno al proyecto y dentro de esta todos los archivos correspondientes a laravel.

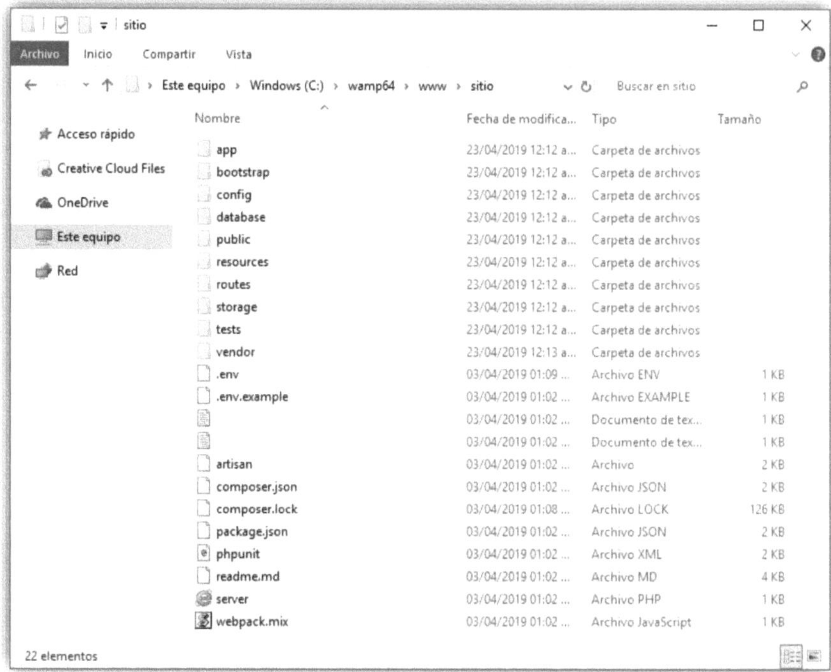

Figura 67. Archivos de proyecto de laravel

Paso 8. Al acceder al navegador se indica la ruta del proyecto indicando el nombre de la carpeta public que es la carpeta que contiene el index del proyecto, se puede observar la aplicación de laravel funcionando correctamente.

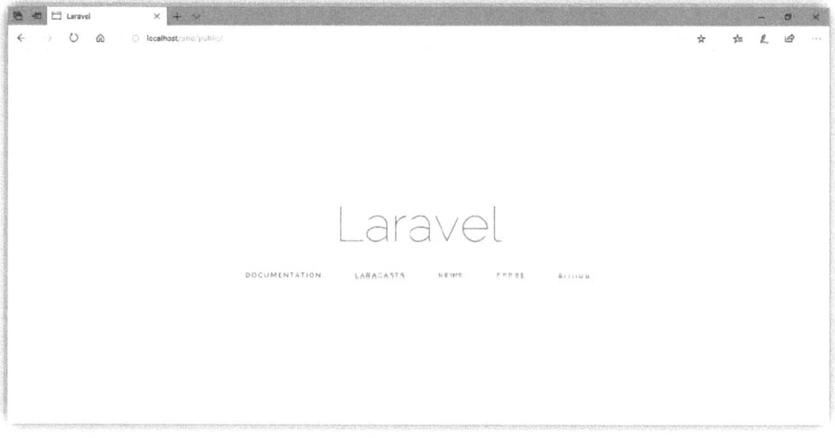

Los archivos que se crean en el proyecto son funciones de gran ayuda para un desarrollo más rápido y mejor estructurado, por ejemplo, laravel crea una vista que es la que corresponde a la figura 89 La cual puede comenzar a modificarse según sea necesario comenzar a agregar las validaciones de la carpeta Lang y otras funciones, una vez familiarizado con laravel se dará cuenta del gran potencial de esta herramienta.

3.6. Sistemas gestores de contenido (CMS) basados en PHP y MySQL

El sistema gestor de contenidos (Content Management System) surge de la necesidad de simplificar el desarrollo de un sitio web dinámico. Ya que para la creación de este se necesitan amplios conocimientos de diversas herramientas tanto como para el diseño como para la programación y el proceso de su desarrollo se puede tornar un tanto complejo y laborioso. El objetivo principal de los sistemas de gestión de contenidos es simplificar este proceso de desarrollo al igual que la actualización del contenido.

Los sistemas de gestión de contenidos son herramientas que no solo permiten la creación de sitios web, sino que además permiten su gestión, administración y mantenimiento dentro de un entorno integrado que convierte este proceso en una tarea fácil, amena y rápida. Una de las ventajas de utilizar un gestor de contenido es la separación por completo del diseño y el contenido, es decir, así como se puede actualizar el contendió sin tocar el diseño se puede cambiar el diseño sin afectar el contenido.

La actualización o mantenimiento del contenido se realizan de una forma muy sencilla, sin necesidad de que un especialista en el área lo haga. Al hablar de modificaciones del sitio, en muchos casos se pueden realizar con un par de *clics* a diferencia de un sitio que no está hecho con un gestor de contenido donde esta modificación implicaría más tiempo y conocimientos.

Si bien es cierto actualmente PHP y MySQL son una dupla muy conocida esto debido a que después del crecimiento tan notorio que se tuvo en los años 2000 no han parado de consolidarse cada vez más. PHP se comenzó a considerar cada vez más como un lenguaje sólido y mejor estructurado; y junto con MySQL han dado paso al desarrollando de distintas tecnologías basadas en estas dos herramientas. Actualmente existen varios gestores de contenido, pero los más utilizados dentro del desarrollo web comparten la característica de estar basados en PHP y MySQL. Entre ellos se pueden mencionar a WordPress, Drupal, Joomla, Moodle, entre otros.

A continuación, se muestra una breve introducción a WordPress y la utilidad que implica tener conocimientos PHP y MySQL al momento de utilizar este gestor de contenido que a grandes rasgos aplicaría para cualquiera de los otros gestores, solo que en este caso se utiliza WordPress como ejemplo ya que es este el que actualmente cuanta con un mayor porcentaje de utilización en la web.

3.6.1 WordPress

Es un gestor de contenido de código abierto, y se posiciona como uno de los gestores de contenido más utilizado, este se caracteriza por su facilidad de uso y variedad de complementos. Esto lo hace un gestor de contenido dirigido tanto como para sitios básicos como un blog como para sitios complejos como el de una empresa ya que cuenta con las herramientas necesarias para cualquier opción.

Fue desarrollando en el lenguaje de programación PHP y utiliza MySQL como sistema de gestión de base de datos. Cuenta con una extensa variedad de plugins ya que prácticamente se encuentra al menos uno para cubrir cualquier necesidad.

Si se requiere mencionar alguna desventaja o limitación se puede decir que su diseño web de fábrica es un tanto limitado. Aunque esto se compensa con la variedad de plantillas que se encuentran disponibles o con un poco de conocimiento de algunas tecnologías de desarrollo.

WordPress tiene un potencial mayor si se dominan las tecnologías de desarrollo como HTML, CSS, JavaScript y el principal PHP ya que tener conocimientos de este lenguaje de programación significa tener las posibilidades de desarrollar algún plugin, modulo o plantilla para integrar al proyecto obteniendo así un diseño más personalizado y que se ajuste aún más a las necesidades.

Aunque también se tiene la posibilidad de la modificación de un elemento ya existente como lo es el tema o algún plugin ya que WordPress permite el acceso sin restricciones al código. Realmente estas modificaciones son recomendables utilizando su API (Interfaz de Aplicación) una opción es crear un tema hijo, esto con la finalidad de no irrumpir con su correcto funcionamiento o se tenga algún problema al momento de actualizaciones ya que ser perderían las modificaciones.

En conclusión, no es estrictamente necesario saber programar en PHP para comenzar a utilizar WordPress, pero conforme se van desarrollando los proyectos a través de este, esto se vuelve un tanto deseable según las necesidades que van surgiendo durante el desarrollo.

3.6.1.1 Instalación

Primeramente, es necesario contar con un servidor local, si no se cuenta con este, en el primer capítulo se muestran los pasos necesarios para la instalación de WampServer. Suponiendo se tenga ya instalado el servidor local se procede a la descarga del archivo de instalación dentro del sitio web de WordPress (https://es-mx.wordpress.org/download/).

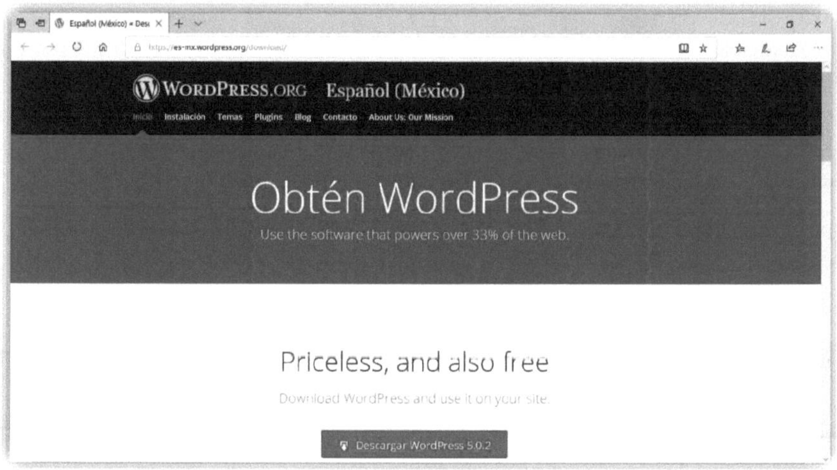

Figura 69. Sitio web de WordPress

Se descomprime el archivo que se descargó y se coloca la carpeta resultante dentro de la carpeta www del servidor local. Se renombra la carpeta indicando el nombre que se le desea dar al proyecto en este caso de deja el nombre de WordPress.

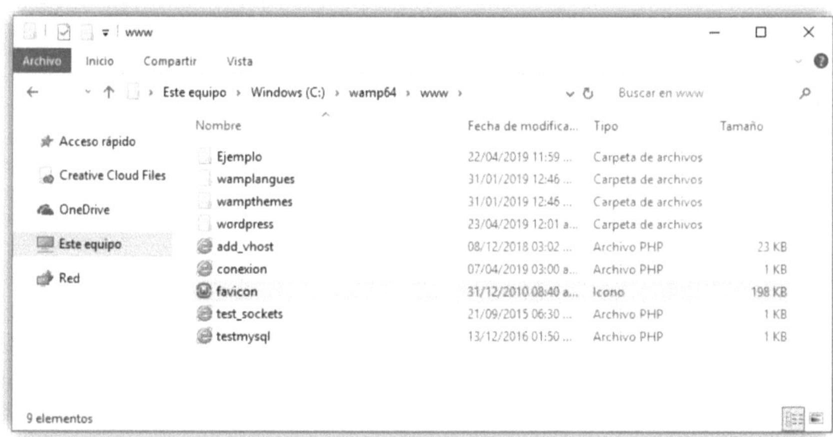

Figura 70. Carpeta www de servidor local.

Para su configuración inicial se necesita tener creada ya la base de datos que se estará utilizando, en phpMyAdmin se crea esta base de datos.

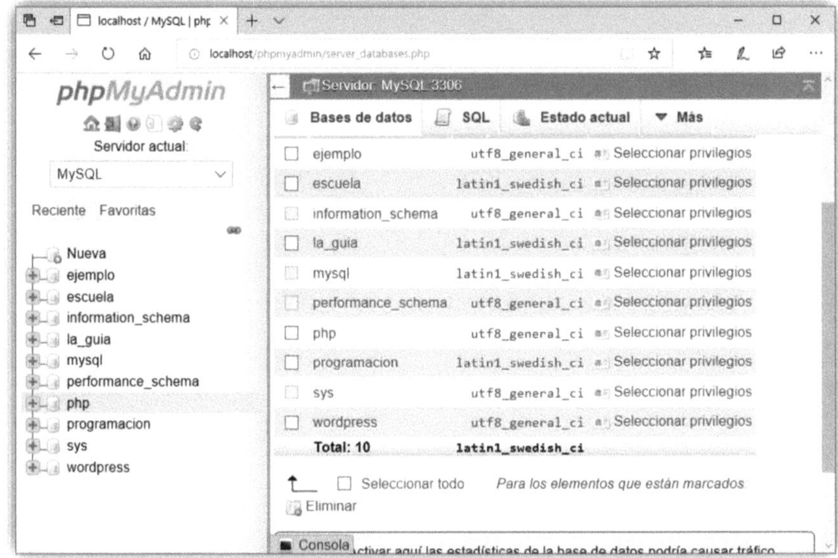

Figura 71. Se crea base de datos wordpress.

En el navegador se indica la *url* con la ruta de la carpeta la cual sería en este caso localhost/wordpress se muestra la pantalla donde se indican los datos que se necesitaran para continuar con la instalación.

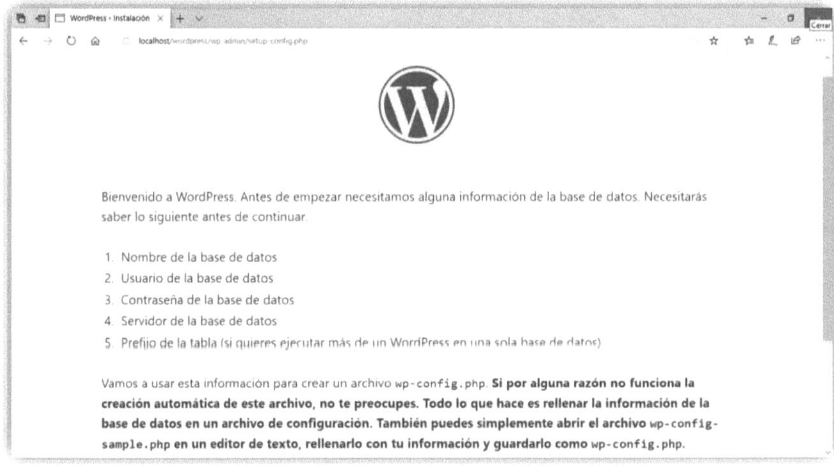

Figura 72. Pantalla inicial para configuración de WordPress.

Se introducen los datos solicitados para establecer la conexión con la base de datos anteriormente creada.

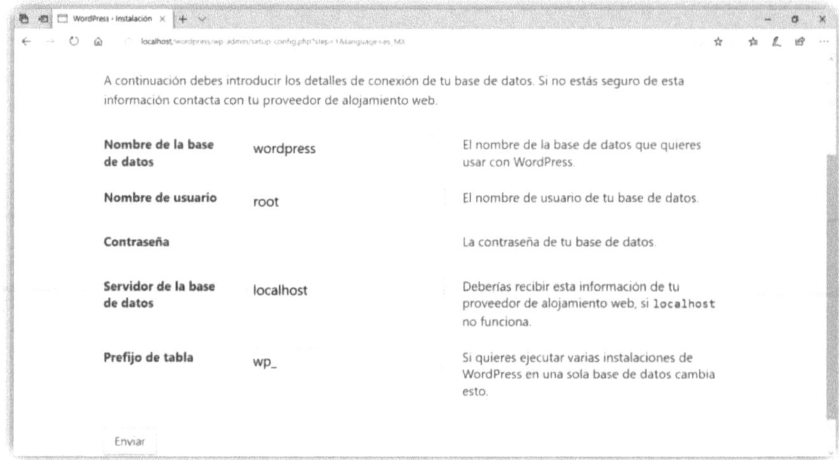

Figura 73. Configuración de conexión con base de datos.

Se indica si la conexión se realizó con éxito de ser así se prosigue con el siguiente paso de isntalacion.

Figura 74. Mensaje de conexión con base de datos.

Se introduce la información necesaria para la configuración del sitio.

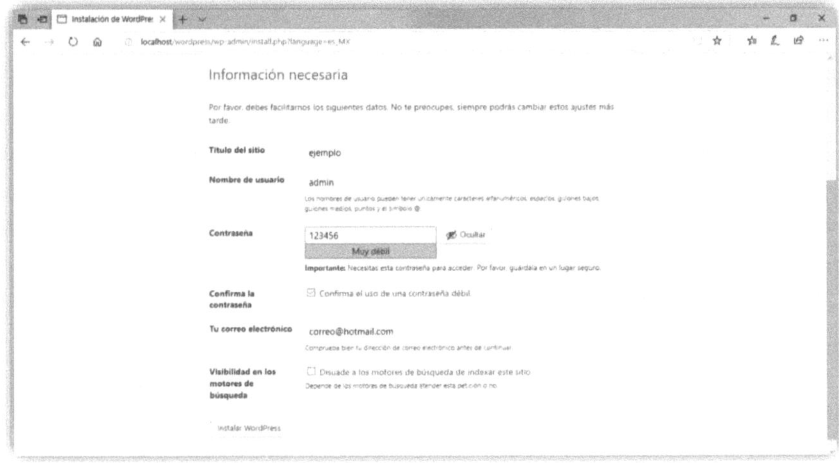

Figura 75. Configuración del sitio.

Si se realiza la configuración correcta se muestra un mensaje indicando que WordPress ya está instalado.

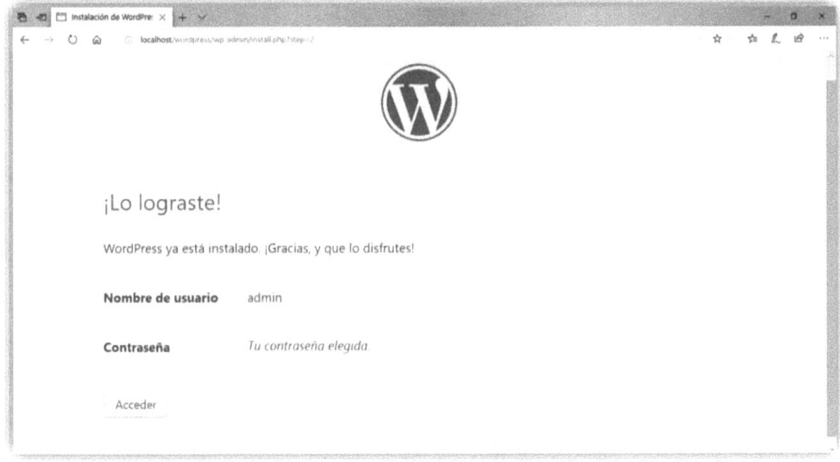

Figura 76. Confirmación de la correcta instalación de WordPress

En el login de inicio se colocan los datos que se utilizaron durante la configuración.

Figura 77. Login de WordPress

Al acceder se muestra el escritorio, donde se encuentran todas las opciones para el desarrollo del sitio web.

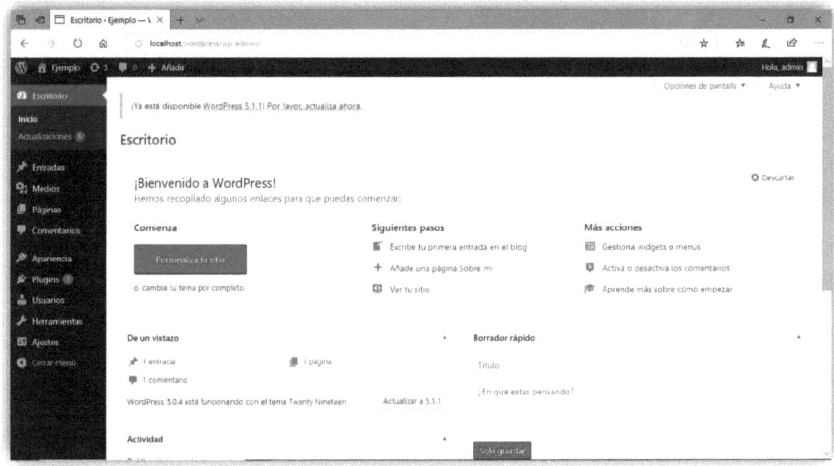

Figura 78. Escritorio de sitio web

En la parte superior izquierda de la figura 78 se muestra la opción de cambiar a la vista del sitio web

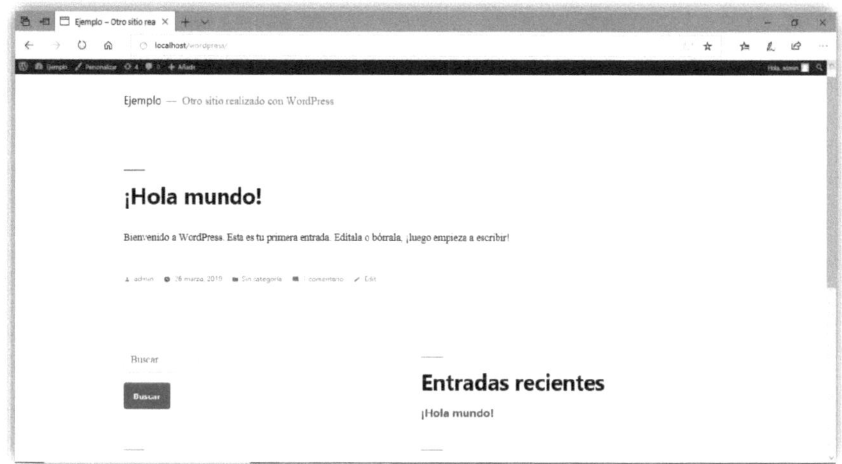

Figura 79. Sitio web

Para modificaciones al tema ya sea para el estilo CSS o ficheros de PHP dentro del menú en la opción Apariencia/Editor se localizan los archivos con el código correspondiente del tema. WordPress indica las posibles consecuencias de esta acción como se comentaba anteriormente y muestra una alternativa. Por esto es necesario tener buenas bases de PHP para el caso en que se tenga que realizar la modificación directamente.

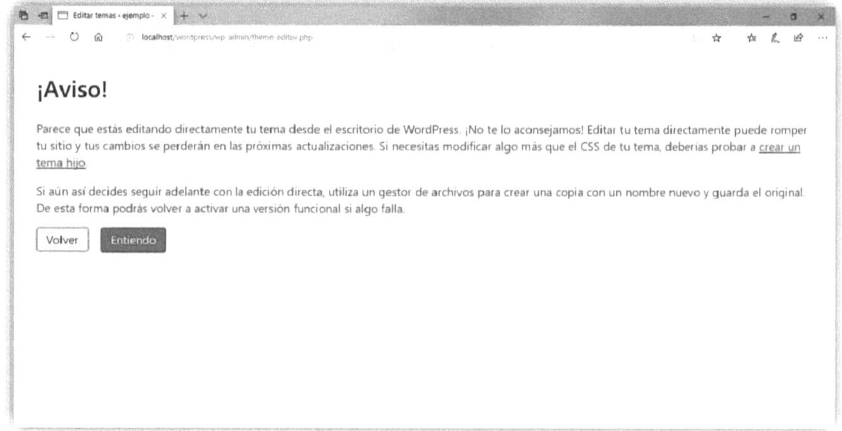

Figura 80. Aviso de editor de código

Considerando las necesidades del proyecto, sus características y requerimientos se procede a la edición con la opción más apropiada.

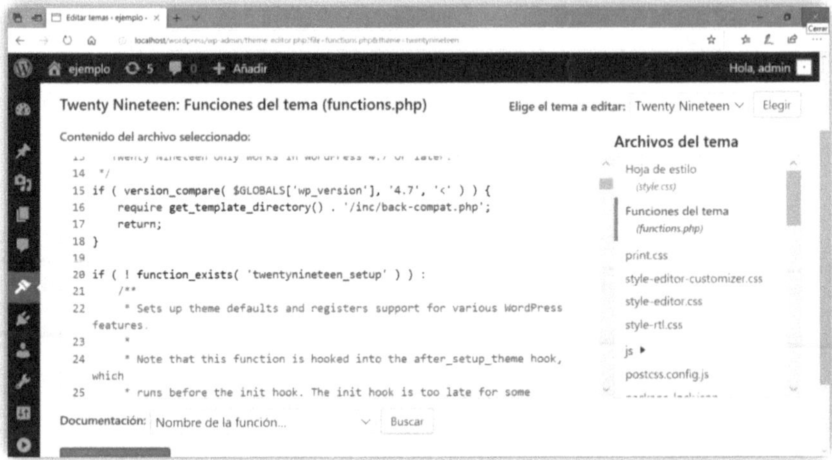

Figura 81. Archivos del tema.

Respecto al proyecto de instalación anterior se configura, personaliza y se añaden algunos elementos obteniendo un sitio web funcional en cuestión de minutos ya que WordPress cuenta con las herramientas necesarias para hacer esto posible.

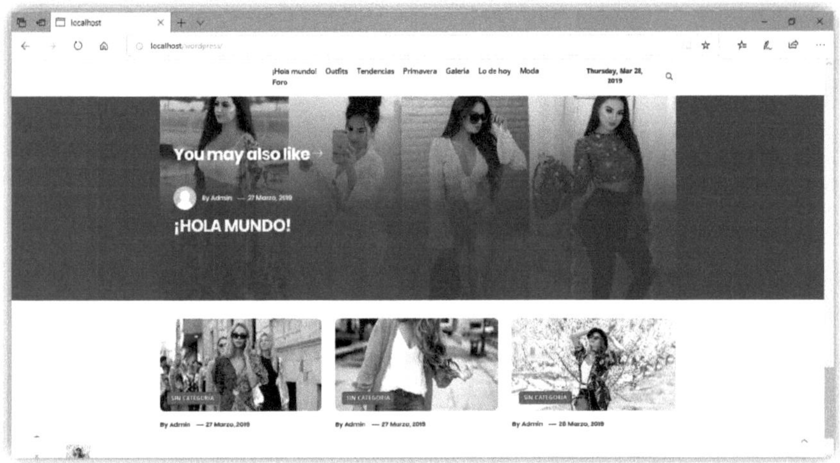

Figura 82. Pagina ejemplo en WordPress.

Capítulo 4

4. Impacto de los sitios web en las empresas

4.1 Importancia de sitio web en la empresa

Un sitio web tiene la capacidad de elevar el prestigio, las ventas y el posicionamiento de la empresa en el mercado. Contar con un sitio web actualmente es una necesidad para las empresas, pues tienen que irse adaptando a las nuevas tecnologías y al nuevo estilo de vida que estas ofrecen.

Un alcance a nivel mundial, mayor prestigio y calidad, mejorar la presentación, mayor ventaja competitiva son solo algunos de los beneficios de obtener un sitio web. Es un hecho que incorporar un sitio web a la empresa es de vital importancia para tener un mayor éxito. Por esto es que en la actualidad tanto como grandes empresas como pequeñas cuentan con un sitio web permitiéndoles por igual tener la posibilidad de aumentar o mantener a sus clientes.

Tan relevante es el impacto del sitio web en la empresa que se puede decir que si la empresa no está en internet no existe. ya que, gracias a la disponibilidad de conectividad para el usuario con la web, se ha creado un estilo de vida nuevo donde el usuario prácticamente recure a la búsqueda en la web prácticamente para cualquier duda que necesite aclarar o información.

Si se necesita el servicio de un hotel lo más común hoy en día es buscar la palabra hotel juntos con sus demás palabras claves según se necesite, dentro de los resultados aparecen varias opciones, pero que pasa con el hotel que aún no se ha integrado al mundo de la web, simplemente no existe para la web restándole posibilidades de ser visitado por posibles nuevos clientes. De ahí la importancia de hoy en día contar con un sitio web.

4.2 Comercio electrónico

Los sitios web son creados con una finalidad algunos pueden ser destinados para información, para publicidad, como medio de contacto, entre otros, sin dejar de mencionar los sitios web que son creados con la finalidad de vender, ya que actualmente es muy común el comercio electrónico en grandes, medias y pequeñas empresas.

Y es que la posibilidad de comprar o vender a través de sistemas electrónicos causo gran revuelo dentro de la industria, volviéndose así cada vez más un tema de gran relevancia para la sociedad y economía. Pero este revuelo no solo fue en aspectos positivos si no también en negativos esto debido a que al principio la idea de comprar a través de estos medios resultaba un tanto dudoso para la mayoría de personas, catalogándose así de muchas maneras esta actividad.

Pero con el día a día el comercio electrónico fue teniendo cada vez una mayor aceptación y como consecuencia de esto las dudas que se tenían anteriormente de si era pertinente y confiable adquirir los productos a través de este medio desaparecieron teniendo así un mayor progreso, todo esto permitió que se considere como una actividad empresarial aceptada y común tanto por las empresas como por los clientes. Modificado drásticamente cada vez más la manera en la que las organizaciones realizan sus actividades relacionadas con ventas.

Hoy en día el comercio electrónico ya no es opcional para las empresas ya que prácticamente es una obligación el envolverse en este ámbito para no perder mercado ante sus rivales. Las empresas han tenido que adaptarse y reinventar con el comercio electrónico como uno de los protagonistas.

La empresa tiene que buscar algo diferente que ofrecer o buscar la forma de atraer a los clientes, tienen que entender la venta en línea completamente para ser capaz de cumplir lo que se ofrece en forma digital y se tiene que tener conciencia que esto implica una mayor investigación en todo lo que implica el proceso desde que se oferta el articulo hasta que se entrega al cliente. Debe tener conocimientos sobre la comunicación global multicultural, costumbres, factores culturales, infraestructura prácticamente de los lugares en los cuales estará ofertando su producto y/o servicio.

La disponibilidad que brinda esta actividad ha sido un factor fundamental para su crecimiento ya que gracias al comercio electrónico se puede abarcar un mayor rango del mercado, se puede acceder a cualquier hora desde la comodidad del hogar teniendo acceso a la información completa de los artículos, rompe las barreras de la distancia permitiendo al cliente no limitarse a comprar en tiendas cercanas a su hogar pues brinda la opción de adquirir un producto o servicio hasta de otros países.

El comercio electrónico no es solo cobro *online* esta actividad abarca muchos más procesos, desde la forma en que se ofertara el producto hasta la forma en la que culminara la venta. Se tiene que buscar el mejor proceso forma de ponerlo en práctica ya que, así como creció el comercio electrónico, creció la competencia para cualquier tipo de empresa. Un producto se pone alcanzable para un mayor porcentaje del mercado en el momento en que se digitaliza.

4.2.1 Tecnologías para el comercio electrónico

El comercio electrónico va creciendo junto con las continuas innovaciones en tecnologías de la información, siendo un ejemplo de esto el internet que fue el principal impulsor de esta actividad, pues en el momento en que el internet dejo de ser una herramienta inalcanzable para la población en general el comercio electrónico comenzó a tener un despegue aún más significativo. Y en la actualidad presenta un mayor crecimiento con la evolución de los dispositivos móviles.

Actualmente el comercio electrónico puede realizarse desde un sitio web, una aplicación propia hasta por medio de redes sociales o por medio de las tres opciones. Pero cualquiera que sea la opción elegida se tiene que tener en cuenta los resultados que se desean obtener.

Una plataforma de comercio electrónico va más allá de solo ser un sitio web ya que además de funcionar como sitio web necesita más elementos ya que está conformada por los procesos necesarios para que se realice la venta, por lo general es una réplica del modelo físico de la empresa siendo esta la encargada de representar a la empresa por ello no se debe tomar como solo un soporte de la actividad si no como la herramienta que se encargara de realizar la venta.

Hoy en día existen diversas opciones tecnológicas que permiten la creación de un sitio web para comercio electrónico, de las cuales se debe hacer una buena elección, y para esto primeramente se tiene que tener claro que es lo que se quiere hacer, es decir, se piensa en un sitio web básico, o algo más completo.

4.2.2 Sitio web para comercio electrónico

Además de un sitio web dinámico se anexan funcionabilidades extras para crear un sitio web para comercio electrónico. Como un carrito de compras, catálogo de productos, configuración para pago, etc. Desarrollar un sitio web de este tipo implica un tiempo más largo en cuanto al proceso de creación.

Este sitio debe ser completamente administrable, respecto a los productos, pagos y demás necesidades para la venta. por todo esto el proceso de desarrollo se puede tornar un tanto más complicado esto dependiendo el tipo se proyectó que sea desea obtener como resultado.

Al igual que para otro tipo de sitios las herramientas más usadas son para Frond-end HTML, CSS y JavaScript y para Back-end PHP y MySQL, y aunque actualmente se cuenta con varias plataformas disponibles para comercio electrónico en algunos casos es necesario realizar el proyecto desde cero esto ya depende del nivel y características del proyecto.

4.2.3 Plataformas de comercio electrónico

Entre las plataformas más reconocidas para el comercio electrónico podemos mencionar WooCommerce, Magento, Shopify, PrestaShop entre otras, teniendo cada una de estas características diferentes por ello se tiene que tomar en cuenta las necesidades y expectativas del proyecto a realizar y en base a eso elegir la más adecuada.

Pero estas plataformas comparten una característica y es que para su funcionamiento necesitan PHP y MySQL siendo así de gran importancia tener conocimientos de estas dos herramientas para poder explotar al máximo las funcionalidades de cada una de estas plataformas y poder crear una tienda virtual con características más avanzadas significando esto un proyecto aún más completo.

4.2.3.1 WooCommerce

A diferencia de las otras plataformas WooCommerce es un plugin y no una plataforma independiente, disponible para WordPress convirtiendo un sitio en una tienda online por completo. Compartiendo características es fácil de usar y excelente opción para una tienda básica y al mismo tiempo ideal para una tienda con características más avanzadas.

En esta ocasión se mostrará un poco el funcionamiento de este plugin aprovechando que anteriormente se mostró un poco la forma de utilizar WordPress el sistema gestor de contenido más usado hoy en día.

Funcionamiento de Woocommerce

Dentro del proyecto de WordPress se localiza el plugin se instala y activa y así de sencillo el sitio web que se tenía anteriormente se comienza a transformar en una tienda en línea.

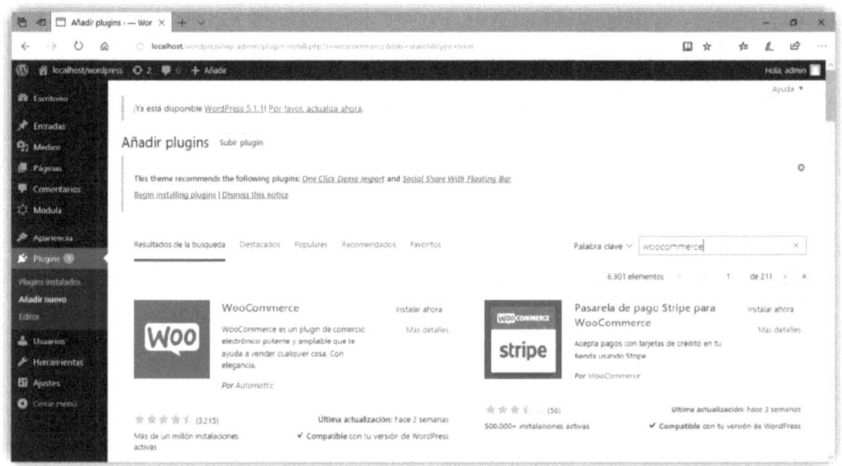

Figura 83. instalación de plugin WooCommerce.

Para activar el plugin es necesario indicar algunos datos que serán necesarios para la configuración de la tienda.

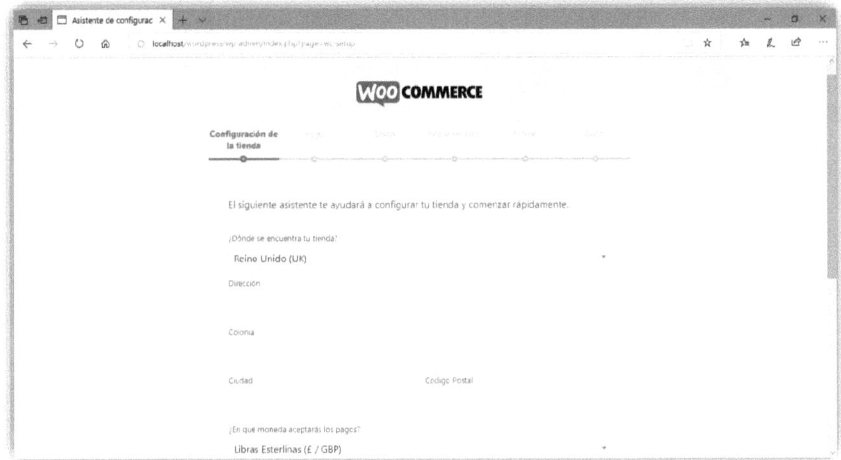

Figura 84. Activación de WooCommerce.

Al activar el plugin en el menú se muestran nuevas opciones de configuración una de estas es producto, añadir un nuevo producto es una tarea realmente fácil ya que el panel de administración es relativamente sencillo de utilizar.

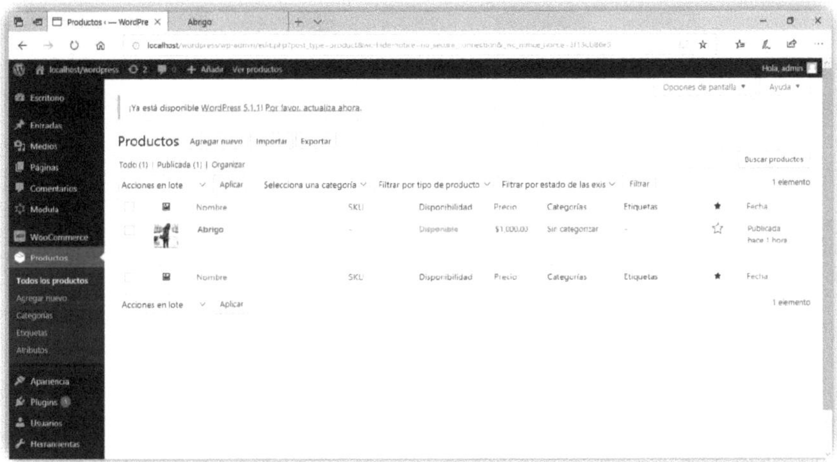

Figura 85. Sección de producto.

Al momento de guardar el producto en el sitio se encuentra disponible mostrando a través de las características del tema activado.

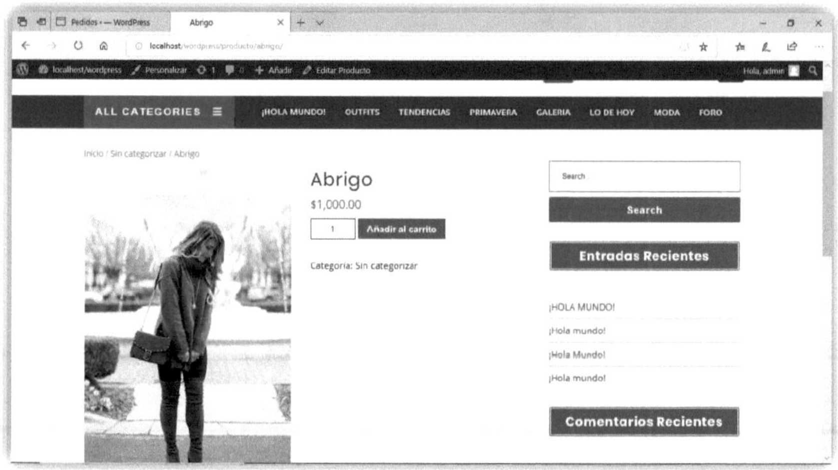

Figura 86. Producto abrigo

Añadirlo al carrito de compras el cual se encuentra ya configurado previamente y hacer el pedido con un proceso similar al de cualquier tienda en línea creando este proceso en minutos.

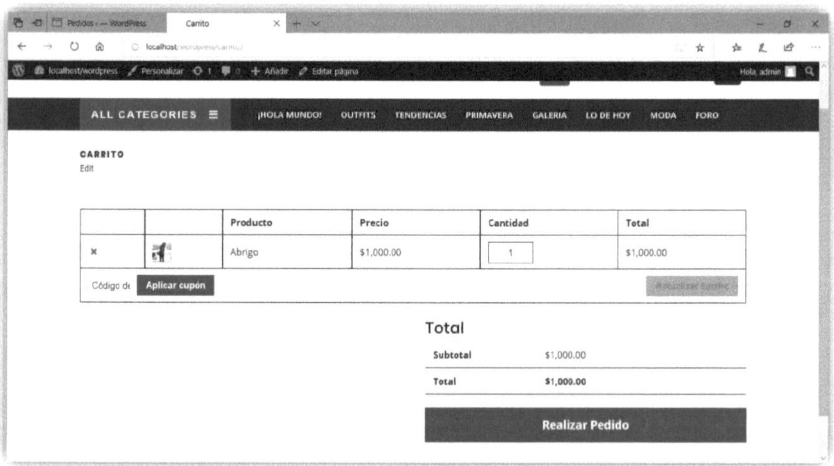

Figura 87. Sección carrito de compras.

Si se realiza el pedido anterior este se mostrará en la sección de pedidos donde se puede gestionar para continuar ahora con el proceso de entrega.

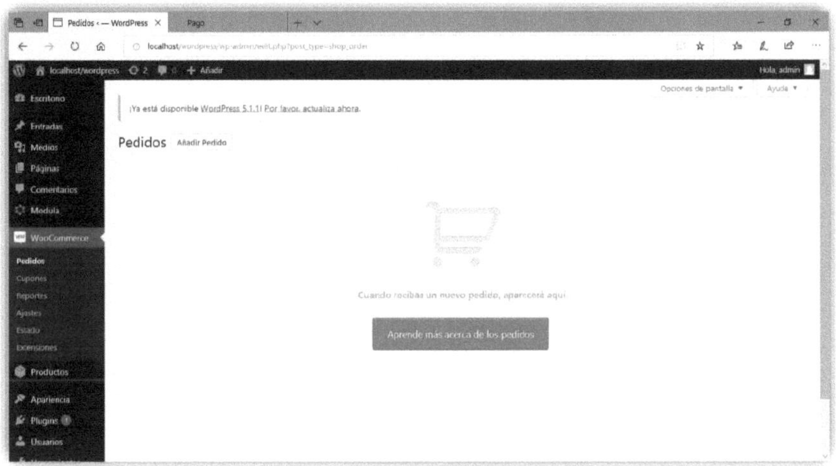

Figura 88. Sección de pedidos

Ahora se sabe que crear una tienda en línea básica ya no es una tarea realmente complicada pues gracias a estas plataformas este proceso es apto para personas sin conocimientos en desarrollo web. Estas plataformas ofrecen infinidad de opciones, pero llega un punto en el que el proyecto puede tratarse de algo que implique muchas más características y exigir modificaciones un tanto fuera de lo común, un proyecto de más alto nivel se vuelve una tarea más complicada a pesar de todas las herramientas que ofrece WooCommerce.

Al igual que cualquier otro plugin WooCommerce puede ser modificado según sean las necesidades del proyecto por ello es realmente necesario contar con las bases de las herramientas básicas del desarrollo web para implementar un proyecto más completo y para esto PHP se vuelve un lenguaje de programación completamente necesario.

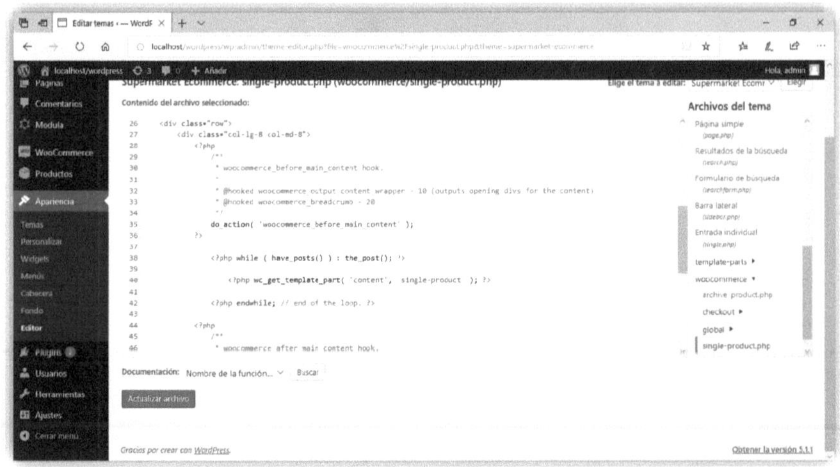

Figura 89. Código de plugin WooCommerce.

4.3 Empresas de desarrollo web

Actualmente es tan alta la demanda de sitios web para grandes, medias y pequeñas empresas que han ido aumentando las empresas que se dedican al desarrollo web. un asesoramiento especializado marca la diferencia al momento de la elección del sitio web necesario para cada empresa.

Se encargan de realizar proyectos digitales como sitios web, tiendas online, aplicaciones móviles, o algún otro tipo de software. los sitios web son la puerta para empresa al mundo digital, por esta razón estas empresas ofrecen la posibilidad de desarrollar un sitio web adecuado para cada tipo de empresa.

Estas empresas se mantienen siempre actualizadas, ofreciendo así a sus clientes el desarrollo del servicio solicitado a través de las tecnologías más relevantes hasta el momento. Así como para las empresas es prácticamente una necesidad tener un sitio web que permita dar un mejor posicionamiento para las empresas de desarrollo web es una necesidad estar constantemente cambiando sus herramientas de desarrollo según lo las mejoras que van presentando.

4.3.1 Lenguaje de programación más utilizado para back-end

A pesar de ser fuertemente criticado PHP sigue liderando como lenguaje de programación más utilizado para el desarrollo de sitios web y esto lo saben las empresas que se dedican al desarrollo web por ello gran porcentaje de estas ofrecen el desarrollo del sitio web a través de alguna herramienta relacionada con el lenguaje.

Dejando de lado la popularidad buena o mala, si es bueno o malo, si se debe o no usar, realmente es recomendable aprender PHP ya que la realidad del mercado es que cerca del 70% de los sitios web actualmente usan PHP como lenguajes de programación para back-end. ya sea para actualizar, gestionar o implementar un nuevo sitio web, PHP se cataloga como un lenguaje importante dentro del desarrollo web.

No necesariamente por que muchos sitios web estén construidos con PHP significa que este sea una buena opción, PHP ha bajado en comparación con otros lenguajes de programación, PHP solo tiene popularidad y no calidad, son muchas opiniones que se encuentran en la web, pero la realidad es que PHP para el desarrollo web fue el lenguaje de programación más utilizado y aun lo sigue siendo.

Parte de la mala fama que tiene hoy en día PHP tuvo que ver con sus versiones ya obsoletas, las cuales permitían mala estructura, malas prácticas y no tenían buenas funcionalidades en cuanto a la programación orientada a objetos. pero hoy en día este lenguaje ya se encuentra muy completo.

No quiere decir que todos los sitios web se va a desarrollar en PHP cada proyecto se tiene que evaluar y analizar para saber cuáles de las tecnologías serían las más adecuadas para este.

El que PHP sea un lenguaje muy flexible llego a afectar pues los programadores abusan de su flexibilidad y se puede tornar una mala estructura reduciendo la calidad del proyecto. a esto se suma que muchos programadores lo catalogan sin tener conciencia que PHP es un lenguaje de tipo script por ello es recomendado para para aplicaciones web y no nativas.

4.3.2 Demanda laboral de PHP

Actualmente se ofrecen muchos cursos relacionados con PHP ya que se tiene conciencia y se sabe el terreno que se puede ganar en el ámbito laboral.

Dominar el lenguaje PHP amplía nuestros horizontes profesionales como diseñadores o programadores, y nos convierte en creadores de Aplicaciones Web. Nos lleva de la mano a un mundo de comercio electrónico, redes sociales, intranets, portales de noticias y entretenimientos, un mundo "mágico" en el que podemos acceder gratuitamente a miles de sistemas completos prearmados, listos para usar (y para vender a nuestros nuevos clientes). (Beati, 2011, pág. 1)

Nos abre un nuevo mercado, donde los clientes ya no están tan interesados en el diseño (aunque puede aportar su encanto), sino en las funcionalidades, para que, a través de un navegador, las personas puedan hacer alguna tarea concreta en su sitio Web. (Beati, 2011, pág. 1)

5. Ejemplo de sitio web

Se realiza un ejemplo sencillo de un sitio web para una agencia de viajes la cual tiene determinados tours que ofrecer a sus usuarios. Mediante este sitio sus clientes podrán reservar el tour de su preferencia y el número de asientos que desean.

En este caso el usuario tendrá que estar registrado para ingresar al sitio, una vez dentro podrá elegir de entre los tours disponibles, al elegir uno lo mandara a la página que contendrá toda la información necesaria de este y el apartado donde podrá hacer su reservación indicando el número de asientos y nombre de las personas que lo ocuparan.

Base de datos

En este caso se realizará la vista del sitio solamente por los usuarios. Por esto se crearán las bases de datos de los tours directamente mediante phpMyAdmin, es decir si se desea agregar un tour se añade en la tabla correspondiente junto con toda su información y se crea una tabla para el registro de los usuarios. Se crearán las siguientes tablas.

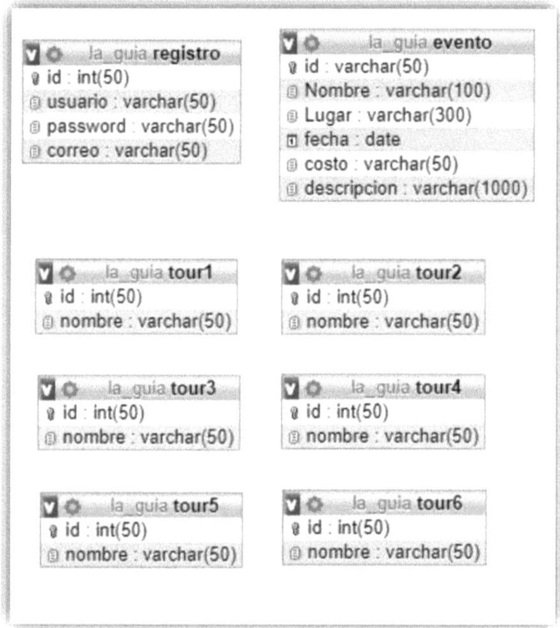

Figura 90. Base de datos la_guia.

Al momento de hacer los registros de la tabla evento el id tiene que irse numerando con la palabra tourNumeroCorrespondiente por ejemplo tour1, esto es necesario en este caso para la funcionabilidad de los ciclos en PHP que se mostraran posteriormente. Se hará la representación de sitio con seis tablas.

Código

Se establece la conexión con la base de datos anteriormente creada.

conexión.php

```php
<?php
  $con=mysqli_connect("localhost","root","","la_guia") or die
("Error al conectar a la bd ");
 ?>
```

Para el formulario de ingreso se da la opción de registro y cambio de contraseña la cual solo solicita el nombre del usuario al cual se hará el cambio, se ingrese dos veces la contraseña y esta coincida. Si se ingresa un dato incorrecto se muestra un mensaje indicando el error.

index.php

```php
<html>
<head>
<title>Login</title>
<link rel="stylesheet" href="style.css">
</head>
<body>

<?php
include("conexion.php");

    if (isset($_POST['guardar'])) {

            $usuario = $_POST['usuario'];
            $pass = $_POST['password'];
}
?>
<form method="POST" action="index.php" class="login"><br>
Usuario<br>
<input type="text" name="usuario" value="<?php if(isset($usuario))
echo $usuario?>"><br>
<br>
Contraseña<br>
<input type="password" name="password" value="<?php
if(isset($pass)) echo $pass?>"><br>
<br>
```

```php
<input type="submit" value="Entrar" name="guardar"><br><br>

<?php
if (isset($_POST['guardar'])) {
    $consulta= mysqli_fetch_array(mysqli_query($con,"SELECT *
FROM registro WHERE usuario='$usuario'"));
    if(empty($usuario)){
        echo "Ingrese Usuario";
    }
    elseif($consulta){
        if($consulta['password'] == $pass){
            session_start();
            $_SESSION['usuario'] = $usuario;
            header("Location: inicio1.php");
        }
        else{
            if (empty($pass)) {
                echo "Ingrese Contraseña";
            }
            else{
                echo "Contraseña incorrecta";
                }
            }
    }
    else{
        echo "Usuario incorrecto";
    }
}
?>
<br><br>
¿No recuerdas tu contraseña?<br>
<input type="submit" name="olvide"
value="Restrablecer"><br><br>
<?php
if (isset($_POST['olvide'])) {
?>
<form method="POST" action="index.php" class="login"><br>
Usuario:<br>
<input type="text" name="usuario" ><br>
<br>
Contraseña nueva:<br>
<input type="password" name="password" ><br>
<br>
Confirmar contraseña:<br>
```

```
<input type="password" name="password2" ><br>
<br>
<input type="submit" name="modificar" ><br>
<br>
</from>

<?php
}
if (isset($_POST['modificar'])) {
      $usuario = $_POST['usuario'];
      $pass = $_POST['password'];
      $pass2 = $_POST['password2'];
      if($pass==$pass2){
            mysqli_query($con,"UPDATE registro Set
password='$pass' WHERE usuario='$usuario'");
            echo "$usuario tu contraseña ha cambiado<br><br>";
      }
      else{
            echo "Contraseñas no coinciden";
      }
}
?>
¿Aun no estas registrado?
<a href="registro.php">Registrar</a><br>
</form>
</body>
</html>
```

Para el registro el formulario se tiene la validación donde se solicita que todos los campos sean obligatorios, no se puede repetir el mismo nombre de usuario, la contraseña debe tener mínimo 8 caracteres y coincidir, y el correo debe tener su correcto formato. De no cumplir con alguna de estas no se hace el registro y se indica el error. De lo contrario si todos los datos proporcionados están correctos se realiza el registro y redirecciona a la página del login inicial.

registro.php

```
<html>
<head>
<title>Registro</title>
<link rel="stylesheet" href="style.css">
</head>
<body>
<?php
```

```php
include("conexion.php");
if(isset($_POST['btn_guardar'])){
$usuario=$_POST['usuario'];
$pass=$_POST['password'];
$pass2=$_POST['password2'];
$correo=$_POST['correo'];
}
?>
 <form method="POST" action="registro.php" class="login"><br>
Usuario<br>
<input type="text" name="usuario" value="<?php if(isset($usuario))
echo $usuario?>" ><br>
<br>
Contraseña<br>
<input type="password" name="password" value="<?php
if(isset($pass)) echo $pass?>"><br>
<br>
Confirmar contraseña<br>
<input type="password" name="password2" value="<?php
if(isset($pass2)) echo $pass2?>" ><br>
<br>
Correo<br>
<input type="text" name="correo" value="<?php if(isset($correo))
echo $correo?>"><br>
<br>
<input type="submit" value="Guardar" name="btn_guardar">
</form>

<?php
if(isset($_POST['btn_guardar'])){

$consulta= mysqli_fetch_array(mysqli_query($con,"SELECT * FROM
registro WHERE usuario='$usuario'"));
$consulta2= mysqli_fetch_array(mysqli_query($con,"SELECT *
FROM registro WHERE correo='$correo'"));

if (empty($usuario)||empty($pass)||empty($correo)) {
	echo "Todos los campos son obligatorios<br>";
}
if ($consulta) {
	echo "El usuario $usuario ya existe<br>";
}
if (strlen($pass)<8) {
```

```php
		echo "Contraseña invalida debe contener minimo 8 
caracteres<br>";
}
if ($pass!=$pass2 && strlen($pass)>=8) {
	echo "Las contraseñas no coinciden<br>";
}
if (!filter_var($correo, FILTER_VALIDATE_EMAIL) || $consulta2 ){
		if ($consulta2) {
			echo "Correo invalido ya esta en uso";
		}
		else{
			echo "Correo invalido<br>";
		}
}
if(filter_var($correo, FILTER_VALIDATE_EMAIL)&&
$pass==$pass2 && strlen($pass)>=8 &&
!$consulta&&!empty($usuario)&& !$consulta2){
	mysqli_query($con,"INSERT INTO 
registro(usuario,password,correo) VALUES 
('$usuario','$pass','$correo')");
	header("Location: index.php");
}
}
?>
</body>
</html>
```

Ya dentro del sitio se muestran los tours que tiene disponibles la agencia, su formulario de búsqueda, la opción de cerrar sesión junto con el nombre del usuario. dentro de cada apartado de tour se muestra una imagen representativa junto con el nombre y un mensaje de la disponibilidad de lugares disponibles.

inicio.php

```html
<html>
<head>
<title>Viajar es increible</title>
<link rel="stylesheet" href="style.css">
<header>
	<h1>Viajar es increible!</h1>
</header>
</head>
	<?php
	include("conexion.php");
```

```php
        session_start();
        $sesion=$_SESSION['usuario'];
        if (!$sesion) {
    header("Location:index.php");
    die();
}


    ?>
    <div class="sesion">
    <h4>Hola <?php echo $sesion;?></h4>
    <a href="cerrar.php">Cerrar sesion</a>
    </div>
    <body>
    <div class="inner">
                <form method="POST" action="busca.php"
class="from">
                    <label>Buscar viaje</label>
                    <input type="text" name="palabra" />
                    <input type="submit" name="buscar"
value="Buscar" class="button"/>
                </form>
                <div  class="tiles">
                <?php

    $con=mysqli_connect("localhost","root","","la_guia");
                $resultado= mysqli_query($con,"SELECT * FROM
evento");
                    while($consulta=
mysqli_fetch_array($resultado)){
                        $intro=$consulta['id'];

    $max=mysqli_fetch_array(mysqli_query($con,"SELECT
MAX(id) FROM $intro"));
                        $mayor=$max[0];
                        $disponible=20-$mayor;
                ?>
                <div class="style1">
                <a href="generic.php?intro=<?php echo $intro ?>">
                <img src="images/<?php echo $intro ?>.jpg" alt=""
/>
                <section class="con">
        <h2><?php echo $consulta['Nombre'];?></h2>
                    <p><?php if($disponible<5){echo "Pocos
lugares disponibles";}else{echo "Lugares disponibles";};
```

```
                $intro=$consulta['id'];?></p>
        </section>
                    </a>
                    </div>
                    <?php
                    }
                    ?>
                    </div>
        </div>
</body>
</html>
```

La agencia puede llegar a ofrecer gran cantidad de tours por ello se agrega la opción
de buscar para un acceso más rápido al tour que se busca.

busca.php

```
<html>
<head>
  <title>Viajar es increible</title>
  <link rel="stylesheet" href="style.css">
</head>
  <?php
  include("conexion.php");
  session_start();
  $sesion=$_SESSION['usuario'];
  if (!$sesion) {
  header("Location:index.php");
  die();
  }
  ?>
  <div class="sesion">
    <h4>Hola <?php echo $sesion;?></h4>
    <a href="cerrar.php">Cerrar sesion</a><br>
    <a href="inicio1.php">Volver</a>
  </div>
<body class="is-preload">
        <div class="inner">
            <form method="POST" action="busca.php"
class="from">
                <div class="col-6 col-12-xsmall">
                    <label>Buscar viaje</label>
                    <input type="text" name="palabra" />
```

```php
                    <input type="submit" name="buscar"
value="Buscar" class="button"/>
                </div>
            </form>
        <div  class="tiles">
          <?php
          if(isset($_POST['buscar'])){
             $buscar=$_POST['palabra'];
             $resultado= mysqli_query($con,"SELECT * FROM
evento WHERE Nombre LIKE '%$buscar%'");
             if (!$resultado) {
                echo "no hay resultados";
             }
             else{
                while($consulta= mysqli_fetch_array($resultado)){
                   $intro=$consulta['id'];

$max=mysqli_fetch_array(mysqli_query($con,"SELECT MAX(id)
FROM $intro"));
                   $mayor=$max[0];
                   $disponible=20-$mayor;
                   ?>
                   <div class="style1">
                      <a href="generic.php?intro=<?php echo $intro
?>">
                      <img src="images/<?php echo $intro ?>.jpg"
alt="" />
                      <section class="con">
                         <h2><?php echo $consulta['Nombre'];?></h2>
                         <p><?php if($disponible<5){echo "Pocos
lugares disponibles";}else{echo "Lugares disponibles";}
                         $intro=$consulta['id'];?></p>
                      </section>
                      </a>
                   </div>
                <?php
                }
             }
          }
          ?>
        </div>
      </div>
</body>
</html>
```

Al seleccionar un tour se muestra la opción de volver y cerrar sesión, una imagen representativa la información necesaria como lo es lugar, fecha, descripción, lugares disponibles y el formulario para hacer la reservación donde se indica el número de asientos que desea y a continuación se despliega un formulario con el número de campos indicados para ingresar el nombre y se confirma la reservación.

generic.php

```html
<html>
<head>
<title>Viajar es increible</title>
<link rel="stylesheet" href="style.css">
<header>
     <h1>Viajar es increible!</h1>
</header>
</head>
     <?php
     include("conexion.php");
     session_start();
     $sesion=$_SESSION['usuario'];
     if (!$sesion) {
     header("Location:index.php");
     die();
     }
     ?>
     <div class="sesion">
     <h4>Hola <?php echo $sesion;?></h4>
     <a href="cerrar.php">Cerrar sesion</a><br>
     <a href="inicio1.php">Volver</a>
     </div>
     <body>
          <div id="wrapper">
               <?php
                    $v1 = $_GET['intro'];
                    $resultado= mysqli_query($con,"SELECT *
FROM evento WHERE id='$v1'");
                    while($consulta=
mysqli_fetch_array($resultado)){
               ?>
          <div id="main">
               <div class="inner">
               <div id="main">
```

```php
                        <img src="images/<?php echo $v1 ?>.jpg"
class="generic" />
                        <h1><?php echo $consulta['Nombre'];?></h1>
                        <p><?php echo $consulta['fecha'];?></p>
                        <p><?php echo $consulta['costo'];?></p>
                        <p><?php echo $consulta['descripcion'];?></p>

                        <?php

    $consulta=mysqli_fetch_array(mysqli_query($con,"SELECT
MAX(id) FROM $v1"));
                        $mayor=$consulta[0];
                        $disponible=20-$mayor;
                        ?>
                        <section>
        <form method="POST" action="generic.php?intro=<?php
echo $v1 ?>">
                <div class="small">
                    <label><?php echo $disponible ?> Lugares
disponibles</label><br><br>
                    <label>Reservar:</label>
                    <input type="text" name="palabra"/>
                    <input type="submit" name="buscar"
value="Buscar" class="button"/>
                </div>
            </form>
            </section>
                            <?php
                if(isset($_POST['buscar'])){
                        $numero=$_POST['palabra'];
                        ?>
                        <section>
                        <h2>Datos</h2>
                        <form method="post" action="#">
                        <div class="envio">
                        <?php
                        for ($num=0; $num <$numero ; $num++)
{ ?>
                                <input type="text" name="name[]"
id="demo-name" value="" placeholder="Nombre completo" />
                        <?php
                        }
                        ?>
                        <input type="submit" name="enviar"/>
```

```html
                              </div>
                            </form>
                        </section>
                    </div>
              </div>
                              <?php
                              }
                    if(isset($_POST['enviar'])){
                        foreach ($_POST['name'] as $i => $value) {
                            mysqli_query($con,"INSERT INTO $v1
(Nombre) VALUES ('$value')");
                        }
                        echo "reserva con exito";
                    }
                    }
                    ?>
              </div>
          </body>
</html>
```

Se agrega un poco de estilo al sitio para su presentación cabe mencionar, que esta
presentación está dirigida al back-end por ello no se busca mostrar un sitio con vista si
no un sitio funcional por esto mismo en esta ocasión no se agrega alguna otra tecnología
que pueda dar mejor presentación al sitio como lo es javascript.

style.php

```css
input{
      width: 50%;
   border-radius: 6px;
   border-style: none;
   height: 25px;
   margin-bottom: 10px;
}

input[type="submit"],input[type="button"]{
      background: red;
   color: white;


}
input[value="Buscar"]{
   width: auto;
}
}
body{
```

```css
        background: #b2f1eb;
}
#guardar{
    width: 25%;
    border-radius: 20px;
    text-align: center;
    margin: 0 auto;
    background: tan;
    padding: 10px;
}
#buscar{
    margin-top: 40px;
    width: 33%;
}
img{
    width: 100%;
}
.style1{
width: 30%;
height: 320px;
}
.tiles div{
    float:left;
    margin: 20px;
    border: solid;
    border-radius: 10px;
}
.con{
    text-align: center;
}
a{
    text-decoration: none;
}
.inner{
    width: 1100px;
    margin: auto;

}
.generic{
    height: 300px;
}
header{
    background: red;
    height: 75px;
```

```css
}
h1{
  color: white;
  text-align: center;
}
.from{
  margin-top: 50px;
}
.sesion{
  text-align: right;
}
.login{
  width: 40%;
  margin: auto;
  text-align: center;
  border: solid;
}
h4{
    margin: 0;
}
```

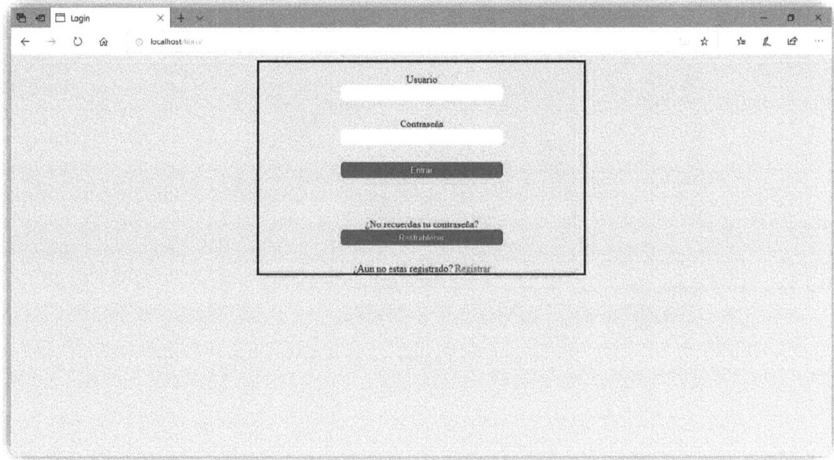

Figura 91. Login de sitio web

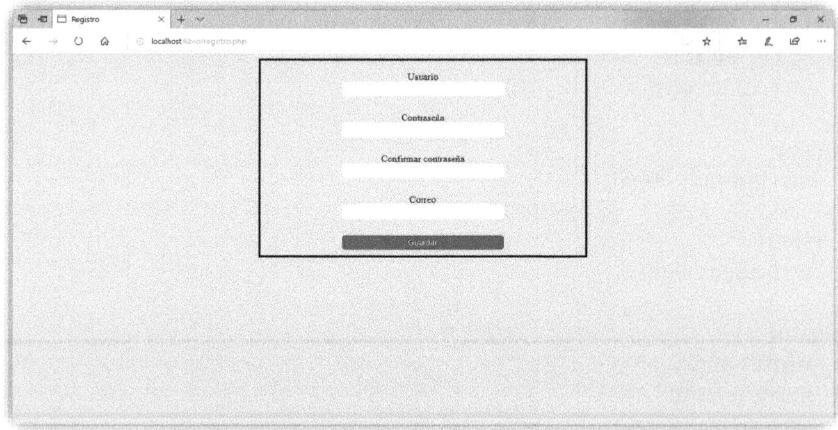

Figura 92. Registro de sitio web

Figura 93. Página de inicio de sitio web

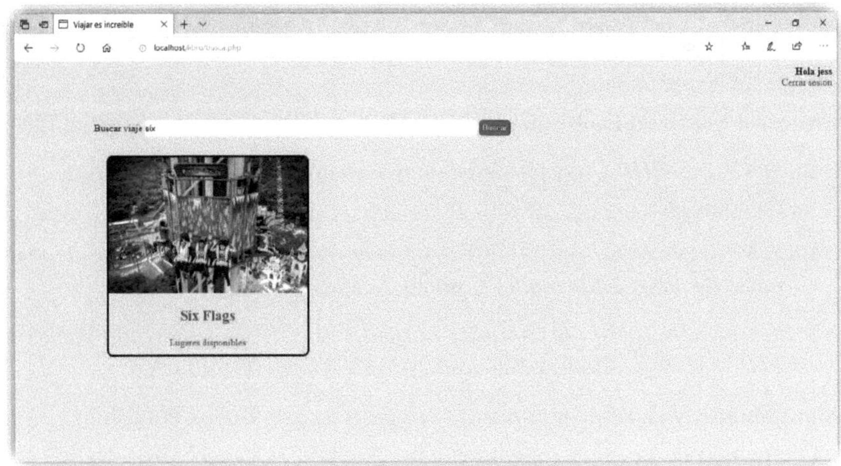

Figura 94. Resultados de búsqueda.

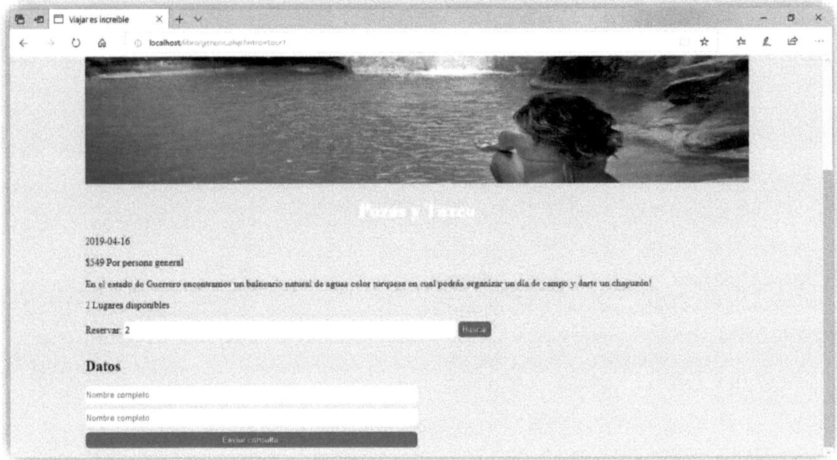

Figura 95. Ejemplo de página de tour.

Bibliografía

Arias, M. Á. (2015). *Aprende Programación Web con PHP y MySQL.* Smashwords Edition.

Aristizábal Martínez, D. A. (2012). *PHP BASICO Y PRACTICO.* Medellín: ITM.

Beati, H. (2011). *PHP Creación de páginas Web dinámicas.* Buenos Aires: Alfaomega.

Benítez, M. Á., & Arias, Á. (2017). *Curso de introduccion a la administracion de bases de datos 2 edicion.* IT Campus Academy.

Cabezas Granados, L. M., & González Lozano, F. J. (2014). *Desarrollo Web con PHP y MySQL.* Madrid: Ediciones ANAYA MULTIMEDIA.

Eslava Muñoz, V. J. (2013). *El nuevo PHP paso a paso.* Bubok Publishing.

Spona, H. (2011). *Programación de base de datos con MySQL y PHP.* Mexico, D.F.: ALFAOMEGA GRUPO EDITOR, S.A DE C.V.

Torres Remon, M. Á. (2015). *Desarrolloo de aplicaciones web con PHP y MySQL.* Peru: Macro EIRL.

I want morebooks!

Buy your books fast and straightforward online - at one of world's fastest growing online book stores! Environmentally sound due to Print-on-Demand technologies.

Buy your books online at
www.morebooks.shop

¡Compre sus libros rápido y directo en internet, en una de las librerías en línea con mayor crecimiento en el mundo! Producción que protege el medio ambiente a través de las tecnologías de impresión bajo demanda.

Compre sus libros online en
www.morebooks.shop

KS OmniScriptum Publishing
Brivibas gatve 197
LV-1039 Riga, Latvia
Telefax: +371 686 204 55

info@omniscriptum.com
www.omniscriptum.com

Printed by Books on Demand GmbH, Norderstedt / Germany